A estrela
da manhã

Michael Löwy

A estrela da manhã
Surrealismo e marxismo

TRADUÇÃO DE
Eliana Aguiar

Rio de Janeiro
2002

COPYRIGHT © Michael Löwv. 2002

TÍTULO ORIGINAL
L'Etoile du matin — Surréalisme et marxisme

CAPA
Evelyn Grumach

PROJETO GRÁFICO
Evelyn Grumach e João de Souza Leite

ENCARTE
EG Design / Fernanda Garcia

CIP-BRASIL. CATALOGAÇÃO-NA-FONTE
SINDICATO NACIONAL DOS EDITORES DE LIVROS, RJ

L956e	Löwy, Michael, 1938- A estrela da manhã: surrealismo e marxismo / Michael Löwy; tradução de Eliana Aguiar. – Rio de Janeiro: Civilização Brasileira, 2002. Tradução de: L'Étoile du matin: surréalisme et marxisme Inclui bibliografia ISBN 85-200-0573-X 1. Marxismo e literatura. 2. Surrealismo – Aspectos políticos. I. Título. II. Título: Surrealismo e marxismo.
02-1194	CDD – 335.4 CDU – 330.85

Todos os direitos reservados. Proibida a reprodução, armazenamento ou transmissão de partes deste livro, através de quaisquer meios, sem prévia autorização por escrito.

Direitos desta edição adquiridos
EDITORA CIVILIZAÇÃO BRASILEIRA
Um selo da
DISTRIBUIDORA RECORD DE SERVIÇOS DE IMPRENSA S.A.
Rua Argentina 171 – Rio de Janeiro, RJ – 20921-380 – Tel.: 2585-2000

PEDIDOS PELO REEMBOLSO POSTAL
Caixa Postal 23.052 – Rio de Janeiro, RJ – 20922-970

Impresso no Brasil
2002

Sumário

Romper a gaiola de aço   7

A estrela da manhã: o mito novo do romantismo ao surrealismo   21

O marxismo libertário de André Breton   29

Walter Benjamin e o surrealismo: história de um encantamento revolucionário   37

Pessimismo revolucionário: Pierre Naville e o surrealismo   55

O romantismo *noir* de Guy Debord   77

Vincent Bounoure: a espada cravada na neve ou o espírito que quebra mas não dobra   89

O surrealismo depois de 1969   97

Glossário   105

Notas   115

Bibliografia citada   121

Anexo   127

Notas acerca do movimento surrealista no Brasil (da década de 1920 aos dias de hoje) — Sergio Lima   129

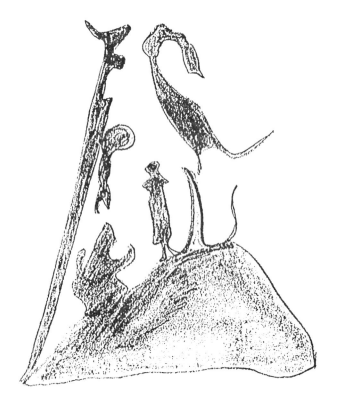

Anny Bonin, *Borra de café*: *Triângulos*, mina de grafite, 1998.

Romper a gaiola de aço

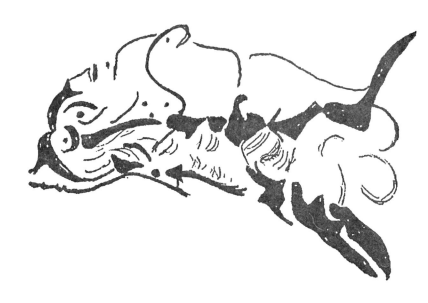

Anny Bonin, *Borra de café*: *Mulheres, bestas e pássaros*, mina de grafite 1998.

Guy Girard, *Rosa Luxemburgo diante da tour Saint Jacques,* nanquim sobre papel, 1993.

O surrealismo não é, nunca foi e nunca será uma escola literária ou um grupo de artistas, mas propriamente um movimento de revolta do espírito e uma tentativa eminentemente subversiva de *re-encantamento do mundo*, isto é, de restabelecer, no coração da vida humana, os momentos "encantados" apagados pela civilização burguesa: a poesia, a paixão, o amor-louco, a imaginação, a magia, o mito, o maravilhoso, o sonho, a revolta, a utopia. Ou, se assim o quisermos, um protesto contra a racionalidade limitada, o espírito mercantilista, a lógica mesquinha, o realismo rasteiro de nossa sociedade capitalista-industrial, e a aspiração utópica e revolucionária de "mudar a vida". É uma aventura ao mesmo tempo intelectual e passional, política e mágica, poética e onírica, que começou em 1924 mas que está bem longe de ter dito suas últimas palavras.

Se vivemos, como tão bem demonstrou Max Weber,* em um mundo que se tornou uma verdadeira *gaiola de aço* — ou seja, uma estrutura reificada e alienada que encerra os indivíduos nas "leis do sistema" como em uma prisão —, o surrealismo é o martelo encantado que nos permite romper as grades para ter acesso à liberdade. Se a civilização burguesa é por excelência, segundo o mesmo sociólogo alemão, o uni-

---

*Os termos com asterisco (*) remetem ao glossário da página 105.

verso da *Rechnenhaftigkeit*, o espírito do cálculo racional — a medida quantitativa de perdas e lucros —, o surrealismo é o punhal aguçado que permite cortar os fios dessa teia de aranha aritmética.

Com excessiva freqüência, reduziu-se o surrealismo a pinturas, esculturas ou coletâneas de poemas. Ele inclui todas estas manifestações, mas é, em última instância, algo indefinível, que escapa à racionalizações de leiloeiros oficiais, de colecionadores, de arquivistas e de entomólogos. O surrealismo é sobretudo, e antes de tudo, um certo *estado de espírito*. Um estado de insubmissão, de negatividade, de revolta, que retira sua força positiva erótica e poética das profundezas cristalinas do inconsciente, dos abismos insones do desejo, dos poços mágicos do princípio do prazer, das músicas incandescentes da imaginação. Esta postura do espírito está presente não apenas nas "obras" — que povoam museus e bibliotecas — mas igualmente nos jogos, nos passeios, nas atitudes, nos comportamentos. A *deriva* é um belo exemplo disso.

Para compreender melhor o alcance subversivo da deriva, voltemos mais uma vez a Max Weber. A quintessência da civilização ocidental moderna é, segundo ele, a ação-racional-em-finalidade (*Zweckrationalität*), a racionalidade instrumental. Ela impregna completamente a vida de nossas sociedades e molda cada gesto, cada pensamento, cada comportamento. O movimento dos indivíduos na rua é um bom exemplo: sem ser tão ferozmente regulamentado quanto o das formigas vermelhas, ele não é menos estritamente orientado para objetivos racionalmente determinados. Vai-se sempre "a algum lugar", sempre apressado para acertar um "negócio", dirigindo-se para o trabalho ou para casa: nada de gratuito no movimento browniano das multidões.

Ora, a experiência da deriva, tal como era praticada pelos surrealistas e pelos situacionistas, é um alegre passeio fora das pesadas coações do reino da Razão instrumental. Como observava Guy Debord, as pessoas que se entregam à deriva "renunciam, por um período mais ou menos longo, às razões para se deslocar e agir que elas conhecem geralmente (...) para se deixarem levar pelas solicitações do terreno ou dos encontros que a ele correspondem" (Debord 1956).

De uma forma lúdica e irreverente, a deriva rompe com os princípios mais sacrossantos da modernidade capitalista, com as leis de ferro do utilitarismo e com as regras onipresentes da *Zweckrationalität*. Ela pode tornar-se, graças às virtudes mágicas de tal ato de ruptura, um passeio encantado no reino da Liberdade, com o acaso como única bússola.

Sob certos aspectos, a deriva pode ser considerada herdeira da perambulação do século XIX pois, como observa Walter Benjamin em seu *Livre des passages parisiens*, "a ociosidade do perambulante é um protesto contra a divisão do trabalho" (1989). Todavia, ao contrário deste último, o "derivante" não é mais prisioneiro do fetichismo da mercadoria, do imperativo consumista — mesmo se lhe acontecer de comprar um achado em uma barraca ou de entrar em um bistrô. Ele não está hipnotizado pelo brilho das vitrines e das prateleiras, mas mantém seu olhar *alhures*.

Sem objetivo e sem razão, sem *Zweck* e sem *rationalität*: eis em duas palavras o significado profundo da deriva, que tem o dom misterioso de nos devolver, de uma só vez, o sentido da liberdade. Esta experiência da liberdade produz uma espécie de embriaguez, uma exaltação, um verdadeiro "estado de graça". Revela uma face escondida da realidade — e de nossa própria realidade. As ruas, os objetos, os passantes, repentinamente aliviados da cobertura de chumbo do *razoável*, aparecem sob outra luz, tornam-se estranhos, inquietantes, às vezes engraçados. Eles nos provocam angústia, mas também júbilo.

Tudo leva a crer, escrevia Debord, "que o futuro precipitará a mudança irreversível do comportamento e do cenário da sociedade atual. Um dia, cidades serão construídas para se derivar". Atividade de um mundo futuro, a deriva não seria também protegida por uma tradição antiga, arcaica mesmo — a das atividades gratuitas que caracterizam as sociedades ditas primitivas?

A abordagem surrealista é *única* pela grandeza e audácia de sua ambição: nada menos que superar as oposições estáticas, cuja confrontação nutre há longo tempo o teatro de sombras da cultura: matéria e espírito, exterioridade e interioridade, racionalidade e irracionalidade, vigília e sonho, passado e futuro, sagrado e profano, arte e natureza. Não se trata, para o surrealismo, de uma pobre "síntese", mas dessa operação formidável que é designada, na dialética hegeliana, como uma *Aufhebung:** a negação/conservação dos contrários e sua superação em direção a um nível superior.

Como Breton sempre afirmou, desde o *Segundo Manifesto do surrealismo* até seus últimos escritos, a dialética hegeliana-marxista está no coração da filosofia do surrealismo. Ainda em 1952, em *Entretiens*, ele não deixava nenhuma dúvida a esse respeito: o método de Hegel "colocou na indigência todos os outros. Onde a dialética hegeliana não funciona, não há, para mim, pensamento, esperança de verdade" (Breton 1969, p. 152).

Ferdinand Alquié não se enganava ao insistir, em sua *Philosophie du surréalisme,* sobre a contradição entre o racionalismo historicista de Hegel e a alta exigência moral que inspira os surrealistas. Mas ele não considera a distinção, já operada pelo hegelianos de esquerda no século XIX, entre *sistema* e *método* no autor da *Fenomenologia do espírito.* A tentativa de Alquié de eliminar Hegel e Marx substituindo-os por Descartes e Kant, substituindo a dialética pela transcendência e pela metafísica, não poderia senão passar ao largo do essencial. O próprio Alquié reconhece, para lamentá-lo, que "Breton foi levado a sublinhar a estrutura hegeliana das análises de Marx, a esclarecer e a valorizar Marx através de Hegel". Ele reconhece também que o autor dos *Manifestos do surrealismo* "sempre condenou a transcendência e a metafísica". Mas pretende fazer abstração do "conteúdo explícito das fórmulas" de Breton, em nome de uma interpretação bastante arriscada do "espírito" dos textos (Alquié 1977, p. 145).

Os ensaios reunidos neste volume, seja o seu objeto "histórico" ou contemporâneo, têm por intenção fazer valer a atualidade das idéias, dos valores, dos mitos e dos sonhos surrealistas. O fio vermelho e negro que os atravessa é a questão sempre apaixonante da revolução. Para os astrônomos, desde 1727, a revolução é a rotação de um corpo ao redor de seu eixo. Para o surrealismo, *revolução* significa exatamente o contrário: trata-se de interromper a rotação monótona da civilização ocidental ao redor de si mesma, de romper este eixo de uma vez por todas e criar a possibilidade de um outro movimento, de um movimento livre e harmônico, de uma civilização da atração apaixonada. A utopia revolucionária é a energia musical deste movimento (*Surr* 1996).

A maioria destes textos foi publicada em revistas surrealistas, especialmente em Praga, Madri e Estocolmo. A inclusão de ensaios a respeito de certos personagens não pertencentes diretamente ao surrealismo — mas que nem por isso deixaram de tirar dele uma parte de sua força subversiva (Walter Benjamim, Guy Debord) — visa a sugerir laços de "afinidade eletiva" que se podem estabelecer entre o surrealismo e outras expressões críticas do pensamento contemporâneo. Os dois últimos capítulos tratam da continuação do surrealismo depois de 1969, data da tentativa de dissolução do movimento por alguns de seus animadores (Jean Schuster, José Pierre, Gérard Legrand etc.). O principal iniciador da continuação da aventura em Paris foi o poeta e ensaísta Vincent Bounoure, falecido em 1996; sua obstinação, necessariamente contra a corrente, encontrou eco, todavia, não apenas em Paris, mas também em outras partes da Europa e do mundo. Hoje, no ano 2000, encontra-se, por exemplo, uma atividade surrealista coletiva em Paris, Praga, Chicago, Estocolmo, Madri, São Paulo e Leeds.

A maioria dos ensaios publicados nesta coletânea tratam da filosofia política do surrealismo e de sua relação com o marxismo. A adesão dos surrealistas ao materialismo histórico, solenemente afirmada por Breton no *Segundo Manifesto*, marcou profundamente a história do movimento e particularmente aquela de seu posicionamento político. São conhecidos os principais momentos desse percurso: a entrada no Partido Comunista Francês em 1927; a ruptura com o comunismo stalinista por ocasião do Congresso em Defesa da Cultura de 1935; a visita de Breton a Trotski no México em 1938 e a fundação da *Fiari* (Federação Internacional de Arte Revolucionária Independente)*; a redescoberta de Fourier e dos utopistas no pós-guerra; a tentativa de aproximação com os anarquistas no curso dos anos 1949-1953; o Manifesto dos 121 pelo direito à insubmissão na Argélia e a participação ativa nos movimentos de Maio de 68, por fim. Durante todos esses anos, o grupo surrealista recusou-se obstinadamente a escolher entre o "mundo ocidental" — isto é, as potências imperialistas — e o pretenso "campo socialista" — ou seja, o totalitarismo stalinista. O mesmo não pode ser dito da maioria dos intelectuais "engajados".[1]

Se tantos pensadores marxistas — como Pierre Naville, José Carlos Mariategui, Walter Benjamin, Guy Debord, discutidos neste livro — ficaram fascinados pelo surrealismo, foi porque compreenderam que ele representava a mais alta expressão do romantismo revolucionário no século XX. Por "romantismo revolucionário" entendo a vasta corrente de protesto cultural contra a civilização capitalista moderna, que se inspira em certos valores do passado pré-capitalista, mas que aspira antes de tudo a uma utopia revolucionária nova — desde Rousseau e Fourier até os surrealistas e os situacionistas. O laço profundo entre o romantismo e o surrealismo, altamente reivindicado por Breton, manifesta-se não apenas em temas como o mito novo, mas no conjunto dos sonhos, das revoltas e das utopias do movimento. O que o surrealismo partilha com Friedrich Schlegel e Novalis, com Victor Hugo e Petrus Borel,* com Mathew Lewis e Charles Maturin, com William Blake* e Samuel Taylor Coleridge, é a tentativa intensa, por vezes desesperada, de *re-encantar o mundo* — decerto não através da religião, como em tantos românticos, mas pela poesia. Uma tentativa inseparável, para os surrealistas, da luta pela transformação revolucionária da sociedade (Löwy e Sayre 1992).

Pierre Naville oferece a particularidade de ter sido ao mesmo tempo um dos fundadores do surrealismo e, alguns anos mais tarde, da Oposição Comunista de Esquerda ("trotskista").* Se sua passagem pelo movimento surrealista foi relativamente breve — 1924-1929 —, ele não deixou de desempenhar um papel importante na guinada de Breton e de seus amigos em direção ao marxismo e ao engajamento político. Tanto para Pierre Naville quanto para Walter Benjamin, o ponto de encontro, o lugar de convergência mais profunda entre o surrealismo e o comunismo era o *pessimismo revolucionário*.

Este pessimismo não quer dizer, é mais que evidente, aceitação resignada do pior: significa que não confiamos no "curso natural da história", que nos preparamos para nadar na contracorrente, sem certeza de vitória. Não é a crença teleológica em um triunfo rápido e certo que motiva o revolucionário, mas a convicção profundamente enraizada de que não se pode viver como um ser humano digno desse nome sem combater com pertinácia e vontade inabalável a ordem estabelecida.

Em um ensaio de 1977, publicado na revista *Surrealisme*, Vincent Bounoure insistia na idéia de que a revolta ou a ação revolucionária não dependem, para sua justificação, de seu sucesso. Se é a vitória que legitima o combate, então se deveria concluir, escrevia ele, que "Babeuf errou, Ravachol errou, Delescluze errou, Trotski errou, Guevara errou" (Bounoure 1999, p. 226).

Idéias análogas podem ser encontradas no recente livro de Daniel Bensaïd, *Le Pari mélancolique*: o engajamento político revolucionário não é baseado em uma "certeza científica" progressista qualquer, mas em uma aposta arrazoada no futuro. Por que esta aposta seria então melancólica? O argumento de Daniel Bensaïd é de uma impressionante lucidez: os revolucionários, escreve ele — Blanqui, Benjamin, Trotski ou Guevara —, têm a consciência aguda do perigo, o sentimento da recorrência do desastre. Nada é mais estranho ao revolucionário melancólico que a fé paralisante em um progresso necessário, em um futuro garantido. Pessimista, ele se recusa, porém, a capitular, a dobrar-se diante do fracasso. Sua utopia é aquela do princípio de resistência à catástrofe provável (Bensaïd 1997).

Se o marxismo foi um aspecto decisivo do itinerário político do surrealismo — sobretudo durante os vinte primeiros anos do movimento —, ele está longe de ser exclusivo. Desde a origem do movimento, uma sensibilidade libertária percorre o pensamento político dos surrealistas. É evidente para Breton, conforme tento demonstrar em um dos trabalhos aqui reunidos, mas vale também para a maioria dos outros.

Benjamin Péret é um daqueles cuja obra resplandece dessa luz dupla, vermelha e negra. Ele é, sem dúvida, de todos os surrealistas, o mais engajado na ação política no seio do movimento operário e revolucionário marxista, primeiramente como comunista, em seguida (durante os anos 30), como trotskista e finalmente, no pós-guerra, como marxista revolucionário independente. Não é por acaso que no tempo de sua estada na Espanha, durante a Guerra Civil, ele escolheu combater o fascismo nas fileiras da coluna libertária dirigida por Buonaventura Durruti.*

Isso se manifesta também em seus escritos políticos ou históricos. Um exemplo interessante é seu notável ensaio de 1955-56 sobre Palmares, uma comunidade de negros quilombolas (fugitivos) do Nordeste brasileiro que resistiu, ao longo de todo o século XVII, às expedições holandesas e portuguesas que tentavam dar um fim àquele reduto de insubmissos. A "República Negra de Palmares" só seria vencida em 1695, com a morte de seus últimos defensores e de seu último chefe, Zumbi (Péret 1999).[2]

A interpretação destes acontecimentos por Péret é indubitavelmente marxista, mas seu marxismo distingue-se por uma sensibilidade libertária que dá ao livro um alcance e uma originalidade marcantes. A introdução anuncia sua cor: o *desejo de liberdade* é o mais imperioso dos sentimentos humanos, porque esta última é, para o espírito e para o coração, o oxigênio sem o qual eles definham. Ao escrever que a história humana consiste essencialmente na luta dos oprimidos por sua libertação, Péret re-interpreta a tese marxista "clássica" — a luta de classes como luta dos explorados contra os exploradores — em uma ótica libertária. É toda uma *antropologia da liberdade* que se encontra aqui esboçada.

É essa mesma perspectiva que o leva a privilegiar, na análise da comunidade quilombola, os aspectos "anárquicos", antiautoritários: o primeiro período do quilombo de Palmares se caracterizava, insiste ele, pela "ausência de coação" e pela "liberdade total", assim como por uma "generosidade fraternal" inspirada pela consciência do perigo comum. Os escravos fugidos viviam em um estado natural definido pela "ausência de qualquer autoridade" e pela solidariedade elementar. O modo de existência da Comuna de Palmares estava em "estado de incompatibilidade com qualquer forma de governo que implique uma autoridade regular", na medida em que a repartição igualitária dos recursos, a comunidade de pelo menos uma parte dos bens não favoreciam uma diferenciação social mais aprofundada. Inspirando-se em uma antiga fórmula utópica saint-simoniana (retomada por Marx), Péret afirma que o regime interior de Palmares se aproximava mais da administração dos bens do que do governo de pessoas.

A obra de Péret, como a de Breton — e como a de muitos outros membros do movimento, sem esquecer as declarações e os panfletos coletivos —, mostra que, no terreno propriamente político, o surrealismo conseguiu, através de uma operação alquímica cujo segredo só ele conhece, fundir em uma mesma liga a revolta e a revolução, o comunismo e a liberdade, a utopia e a dialética, a ação e o sonho. Graças a ele, Blanqui e Baudelaire, Marx e Rimbaud, Fourier e Hegel, Flora Tristan e William Blake, Leon Trotski e Sigmund Freud, Buonaventura Durruti e a Religiosa portuguesa embarcaram na mesma viagem, viagem que está apenas começando. Uma longa e difícil viagem, para a qual, no entanto, o surrealismo é um socorro precioso: como o astrolábio, ele permite aos viajantes guiar seu caminho pelas estrelas.

Post Scriptum: o poder mágico e subversivo da imagem, a força transgressiva do erotismo, o mistério e o enigma das sombras que atravessam o espelho são temas essenciais da reflexão surrealista sobre a arte. É nesse espírito que alguns de meus amigos surrealistas — da França, das Repúblicas Tcheca e Eslovaca, da Espanha, da Inglaterra, do Brasil e dos Estados Unidos — aceitaram contribuir com algumas de suas obras plásticas para a iluminação profana deste livro.

A estrela da manhã: o mito novo do romantismo ao surrealismo

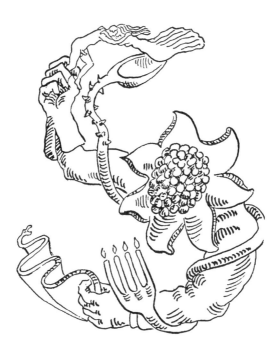

Guy Girad, *A letra S como o Sol do Sabá*, 1997.

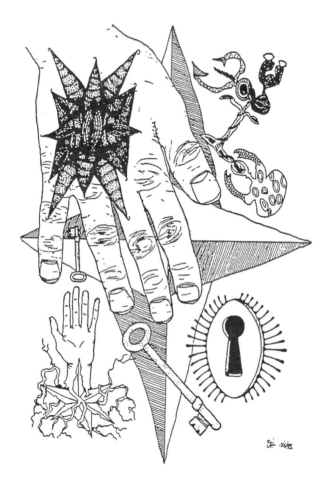

Bill Howe, *A página talismã,* colagem e nanquim sobre papel, 1995.

Entre as estratégias românticas de re-encantamento do mundo, o recurso ao *mito* ocupa um lugar à parte. Na interseção mágica de múltiplas tradições, ele oferece um reservatório inesgotável de símbolos e alegorias, de fantasmas e demônios, de deuses e víboras. Existem múltiplas maneiras de beber desse perigoso tesouro: a referência poética ou literária aos mitos antigos, o estudo "erudito" da mitologia e a tentativa de criar um mito novo. Nos três casos, a perda de substância religiosa do mito faz dele uma figura profana do re-encantamento ou antes uma via não-religiosa para reencontrar o sagrado.

A sinistra perversão dos mitos pelo fascismo alemão, sua manipulação como símbolos nacionais e raciais contribuíram amplamente para desacreditar a mitologia depois da Segunda Guerra Mundial. Todavia, alguns intelectuais alemães antifascistas, como Ernst Bloch,* acreditavam na possibilidade de salvar o mito da mácula nazista — com a condição de que ele fosse iluminado pela "luz utópica do porvir" (Frank 1982).

Na origem, no primeiro romantismo, esta luz é onipresente; ela é o candeeiro escondido que alumia, do interior, a idéia do "mito novo" inventada na aurora do século XIX por Friedrich Schlegel. Se nos remetemos a esta alta fonte, o contraste é marcante com as sombrias afetações mitológicas promovidas pelo Terceiro Reich.

Para a *Frühromantik,** o novo mito não é "nacional-germânico", mas *humano-universal*. Em seu *Discurso sobre a mitologia* (1800), sem dúvida um dos textos ditos "teóricos" mais visionários do romantismo alemão, Friedrich Schlegel sonha um universo mitopoético sem fronteiras, bebendo não somente nas tradições européias, mas também nos "tesouros do Oriente". E sobretudo sonha com uma mitologia nova que não seria apenas uma pálida imitação da antiga, mas dela se distinguiria radicalmente por sua própria natureza, por sua textura espiritual, por assim dizer: enquanto a primeira se ligava de modo imediato ao que havia de mais próximo e mais vivo no mundo sensível, a segunda deve constituir-se, ao contrário, a partir das "profundezas mais íntimas do espírito" (*tiefsten Tiefe des Geistes*). Saída desta fonte interna, a nova mitologia seria, portanto, produzida pelo espírito a partir dele mesmo; donde sua afinidade eletiva com a filosofia idealista (Schlegel pensa aqui sobretudo em Fichte), criada ela também "a partir de nada" (*aus Nichts entstanden*). Esta interioridade mitopoética saída das profundezas não pode aceitar os limites impostos pela razão racionalizante: ela é o reino daquilo "que escapa sempre à consciência", da "bela desordem da imaginação" e do "caos original da natureza humana". Isso não quer dizer que ela ignora o mundo exterior: o mito novo é também "uma expressão hieroglífica da natureza circunstante sob a transfiguração da imaginação e do amor" (Schlegel 1984). É difícil escapar à impressão de que Schlegel, nestas passagens, designa intuitivamente o domínio que Freud, um século mais tarde, tentará cingir com a categoria do inconsciente.

Na conclusão desse texto espantoso, atravessado por intuições fulgurantes e que parece anunciar ora a psicanálise, ora o surrealismo, Schlegel dirige seu olhar para o futuro: um dia, os seres humanos redescobrirão sua força divinatória (*divinatorischen Kraft*) e conhecerão a idade de ouro, "que ainda está por vir": "Eis o que quero dizer com a nova mitologia". Situando a idade de ouro no futuro e não no passado, Schlegel transfigura o mito em energia utópica e investe a mitopoesia de um poder mágico (Schlegel 1984).

Cento e cinqüenta anos mais tarde, os surrealistas irão novamente soprar essas brasas para iluminar com sua ajuda o fundo obscuro da caverna. Para Breton e seus amigos, o mito é um precioso cristal de fogo; eles recusam-se a abandoná-lo aos mitômanos fascistas. Em 1942, no pior momento da guerra, Breton acredita mais que nunca na necessidade de um contra-ataque neste domínio: "Diante do conflito atual que sacode o mundo, mesmo os espíritos mais difíceis acabam por admitir a necessidade vital de um mito oponível ao de Odin e a alguns outros" (Breton 1965).[1]

É em um texto de 1937, "Limites non frontières du surréalisme" que Breton sugere pela primeira vez que o surrealismo deve dar-se como tarefa "a elaboração do mito coletivo de nossa época", cujo papel ao mesmo tempo erótico e subversivo seria análogo ao papel desempenhado no final do século XVIII, pouco antes da Revolução Francesa, pelo *roman noir* (Breton 1973).

A importância do mito para os surrealistas deve-se também ao fato de que ele constitui (com as tradições esotéricas) uma alternativa profana à dominação religiosa sobre o não-racional. É nesse sentido que se deve interpretar a observação de Breton — a ser tomada como uma imagem provocadora e iconoclasta — em um exemplar de *O amor louco* na dedicatória a seu amigo Armand Hoog: "As igrejas, a começar pelas mais belas, demoli-las e que não reste pedra sobre pedra. E viva então o mito novo!" (Beaujour)

Nos *Prolegômenos* a um terceiro manifesto, Breton coloca (e se coloca) a questão: "Em que medida podemos escolher ou adotar, e impor, um mito que corresponde à sociedade que julgamos desejável?" (Breton 1967).[2] Tudo parece indicar, portanto, que para ele mito e utopia são inseparáveis; não são idênticos, mas não deixam de estar ligados por um sistema de vasos comunicantes que assegura a passagem do desejo entre as duas esferas.

Os surrealistas não conseguiram "impor" um mito coletivo, mas eles o criaram — segundo o método romântico, ou seja, bebendo "nas profundezas mais íntimas do espírito" (Schlegel) ou, segundo as palavras de Breton, na "emoção mais profunda do ser, emoção incapaz de se projetar no quadro do mundo real e que não tem outra saída, em sua própria precipitação, senão responder à eterna solicitação dos símbolos e dos mitos" (Breton). Se não puderam constituir "uma mitologia universal dotada de uma simbólica geral" (Schelling*), os surrealistas não deixaram de inventar — no sentido alquímico da palavra — um mito novo, destinado a atravessar como um cometa incendiário o morno céu da cultura moderna.

Qual é este mito? Para poder responder a esta questão, não seria inútil voltar à obra mais "mitológica" de Breton, *Arcano 17*. O poeta evoca, transfigurando-os, os mitos de Ísis e de Osíris, o mito da Melusina, o mito da Salvação da Terra pela Mulher, o mito astrológico do Arcano 17, o mito de Satã, Anjo da Liberdade — e sobretudo, "um mito dos mais poderosos [que] continua aqui a me enlaçar", o amor louco, "o amor que toma todo o poder" e no qual "reside toda a potência de geração do mundo". Na conclusão do livro — um dos mais luminosos do surrealismo —, todas estas figuras míticas correm, como rios de fogo, para uma imagem que as contém todas e que é, aos olhos de Breton, "a expressão suprema do pensamento romântico" e "o símbolo mais vivo que ela nos legou": a estrela da manhã, "caída da fronte do anjo Lúcifer". Este astro representa assim a mais alta imagem alegórica da insubmissão: uma imagem que nos ensina que "é a revolta, e somente a revolta que é criadora de luz. E esta luz não pode ser conhecida senão por três vias: a poesia, a liberdade e o amor" (Breton 1944, 1965).

Ora, qual é este mito novo que contém (em suas formas modernas), que unifica (graças a suas afinidades eletivas), que reúne (sem hierarquizá-las) a revolta, a poesia, a liberdade e o amor? Não pode ser outra coisa senão o próprio surrealismo, em sua "força divinatória" (Schlegel), em seu olhar utópico voltado para "a idade de ouro ainda por vir" (Schlegel). Como mito poético, o surrealismo é o herdeiro do programa anunciado, um século e meio antes, pela *Frühromantik*. Ele tem, no entanto, de particular o fato de se tratar de um mito em movimento, sempre incompleto e sempre aberto à criação de novas figuras e de imagens mitológicas. Sendo antes de tudo uma atividade do espírito, o surrealismo não pode imobilizar-se em um "mito último", um Graal a ser reconquistado ou uma "surrealidade" reificada: o inacabamento perpétuo é seu elixir de imortalidade.

Em seu discurso de 1942 aos estudantes de Yale, Breton apresenta como um dos objetivos do surrealismo a "preparação de ordem prática para uma intervenção sobre a vida mítica que assume primeiro, em maior escala, a figura da limpeza" (Breton 1942). Esta tarefa continua, em nossa época, a ser da mais incandescente atualidade. Na realidade, é todo um rio que seria preciso desviar de seu leito para que se pudesse limpar a peste mitológica que se instalou não apenas nas cavalarias, mas em todos os quartos e salões no final do século XX.

Os mitos do obscurantismo religioso e nacionalista, estes ídolos com cabeça de sapo (exceto pelo respeito devido aos sapos) que acreditávamos afogados para sempre no brejo, saem de seus abismos lodosos para freqüentar de novo as consciências e afogar os espíritos no chumbo líquido e superaquecido dos dogmas.

Mas por trás desses ídolos ergue-se, muito mais formidável, onipresente, onipotente e ventripotente o verdadeiro Grande Mito de nosso século, o Deus que devorou todos os deuses, o Fetiche que reina sobre todos os fetiches, o senhor Moloch* que obtém todos os sacrifícios, o *Char Juggernauth** que esmaga tudo em seu caminho, o Ser supremo que não tem mais rival e que se apresenta ora sob a forma de uma nuvem de gafanhotos devorando todas as colheitas do espírito, ora como um cheiro invisível e nauseabundo que tudo impregna e torna irrespirável o ar do tempo: Mammon.*

O surrealismo nunca deixou de ser, desde suas origens até nossos dias, um lugar mágico de resistência, uma transparente luz de recusa, um espírito irônico de negação de todas essas viscosas manifestações de sujeição mitológica.

A estrela luciferiana da manhã é isso também.

O marxismo libertário de André Breton

Guy Girard, *A letra P como poesia*, nanquim, 1997.

Guy Girard, *Fourier à Broceliande*, nanquim sobre papel, 1993.

Como era previsível, o centenário de nascimento de André Breton deu lugar a todos os tipos de celebrações oficiosas, acadêmicas e midiáticas.

Entretanto, essas operações do espírito santo comercial nada podem: Breton é *irrecuperável*. Seu imenso projeto, necessariamente inacabado, de fusão alquímica entre o amor louco, a poesia do maravilhoso e a revolução social não é assimilável pelo mundo burguês e filisteu. Ele continua irremediavelmente oposto a esta sociedade, e tão desconfortável quanto um belo osso — semelhante àqueles dos indígenas das Ilhas Salomão, cheios de inscrições e imagens — atravessado bem no meio da goela capitalista.

A aspiração revolucionária está na origem mesma do surrealismo e não é por acaso que um dos primeiros textos coletivos do grupo se intitulava "A revolução antes e sempre" (1925). Neste mesmo ano, o desejo de romper com a civilização burguesa ocidental levou Breton a aproximar-se das idéias da Revolução de Outubro, como testemunha sua resenha do *Lenin* de Leon Trotski. Se adere em 1927 ao Partido Comunista Francês, ele não deixa de resguardar, como explica no livrete *Au grand jour*, o seu "direito de crítica".

É o *Segundo manifesto do surrealismo* (1930) que tira todas as conseqüências desse ato, afirmando "totalmente, sem reservas, nossa adesão ao princípio do materialismo histórico". Sempre fazendo valer a distinção, a oposição mesmo, entre o "materialismo primário" e o "materialismo moderno" reivindicado por Friedrich Engels, André Breton insiste no fato de que "o surrealismo se considera indissoluvelmente ligado, em conseqüência das afinidades eletivas que assinalei, à abordagem do pensamento marxista e somente a ela".

Fica evidente que seu marxismo não coincide com a vulgata oficial do Comintern. Poderíamos defini-lo talvez como um "materialismo gótico", ou seja, um materialismo histórico sensível ao *maravilhoso*, ao momento negro da revolta, à *iluminação* que dilacera, como um raio, o céu da ação revolucionária. Em outros termos: uma leitura da teoria marxista inspirada por Rimbaud, Lautréamont e pelo *roman noir* inglês (Lewis, Maturin)* — sem perder de vista, por um instante sequer, a necessidade imperiosa de combater a ordem burguesa. Pode parecer paradoxal unir como vasos comunicantes *O capital* e *O castelo de Otranto*, *A origem da família* e *Uma estação no inferno*, *O Estado e a revolução* e *Melmoth*. Mas é graças a esta abordagem singular que se constitui, em sua inquietante originalidade, o marxismo de André Breton.

Ele pertence de qualquer maneira, como o de José Carlos Mariategui, o de Walter Benjamin, o de Ernst Bloch e de Herbert Marcuse, à corrente subterrânea que atravessa o século XX acima das imensas barragens construídas pela ortodoxia: *o marxismo romântico*. Refiro-me com isso a uma forma de pensamento que é fascinada por certas formas culturais do passado pré-capitalista, e que rejeita a racionalidade fria e abstrata da civilização industrial moderna — mas que transforma esta nostalgia em força na luta pela transformação revolucionária do presente. Se todos os marxistas românticos se insurgem contra o desencantamento capitalista do mundo — resultado lógico e necessário da quantificação, mercantilização e reificação das relações sociais —, é em André Breton e no surrealismo que a tentativa romântico/revolucionária de *re-encantamento do mundo* pela imaginação atinge sua expressão mais brilhante.

O marxismo de Breton distingue-se também da tendência racionalista/cienticista, cartesiano/positivista, fortemente marcada pelo materialismo francês do século XVIII — que dominava a doutrina oficial do comunismo francês — por sua insistência na herança *dialética hegeliana* do marxismo. Em sua conferência em Praga (março de 1935) sobre "a situação surrealista do objeto", ele insistia no significado capital do filósofo alemão para o surrealismo: "Hegel, em sua *Estética*, enfrentou todos os problemas que podem ser tidos atualmente, no plano da poesia e da arte, como os mais difíceis, os quais, com sua lucidez sem igual, em sua maioria ele resolveu (...). Afirmo que ainda hoje é Hegel que se precisa interrogar sobre os bons ou maus fundamentos da atividade surrealista nas artes" (Breton 1972, pp. 128-129).

Alguns meses mais tarde, em seu célebre discurso no Congresso dos Escritores pela Defesa da Cultura* (junho de 1935), ele voltou à carga e não teve medo de proclamar, na contracorrente de um certo chauvinismo antigermânico: "É antes de tudo na filosofia de língua alemã que descobrimos o único antídoto eficiente contra o racionalismo positivista que continua aqui a causar seus estragos. Este antídoto não é outro senão o materialismo dialético como teoria geral do conhecimento" (Nadeau 1948, vol. 2, p. 298).

Esta adesão ao comunismo e ao marxismo não impede que exista, no mais profundo da abordagem de Breton, uma pos-

MICHAEL LÖWY

tura *irredutivelmente libertária*. Basta lembrar a profissão de fé do *Primeiro manifesto do surrealismo* (1924): "A palavra liberdade, e apenas ela, é tudo o que me exalta ainda." Walter Benjamin, em seu artigo de 1929 sobre o surrealismo, conclama Breton e seus amigos a articularem "o componente anarquista" da ação revolucionária com a "preparação metódica e disciplinada" desta última — ou seja, o comunismo (Benjamin 1970).

A seqüência da história é conhecida: cada vez mais próximos das posições de Trotski e da oposição de esquerda, a maioria dos surrealistas (sem Louis Aragon!) romperá definitivamente com o stalinismo em 1935. Mas não é absolutamente uma ruptura com o marxismo, que continua a inspirar suas análises, mas com o oportunismo de Stalin e seus acólitos, que "tende infelizmente a aniquilar estes dois componentes essenciais do espírito revolucionário" que são: a recusa espontânea das condições de vida propostas aos seres humanos e a necessidade imperiosa de mudá-las (Nadeau 1948, vol. 2, p. 309).

Em 1938, Breton faz uma visita a Trotski no México. Eles redigirão juntos um dos documentos mais importantes da cultura revolucionária do século XX: o apelo "Por uma arte revolucionária independente", que contém a célebre passagem que se segue: "para a criação cultural a revolução deve, desde o começo, estabelecer e assegurar um regime anarquista de liberdade individual. Nenhuma autoridade, nenhuma coerção, nenhum traço de comando! Os marxistas podem, aqui, marchar de mãos dadas com os anarquistas..." Conforme se sabe, esta passagem é da lavra do próprio Trotski, mas pode-se supor também que é um produto das longas conversações entre eles às margens do lago Patzcuaro (Schwarz 1977; Roche 1986).

Mas foi no pós-guerra que a simpatia de Breton pela anarquia se manifestou mais claramente. Em *Arcano 17* (1947) ele relembra a emoção que sentiu quando, ainda criança, descobriu em um cemitério um túmulo com esta simples inscrição: "Nem Deus nem Mestre". Ele enuncia a esse respeito uma reflexão geral: "Acima da arte, da poesia, queiramos ou não, tremula também uma bandeira ora vermelha ora negra" — duas cores dentre as quais ele se recusa a escolher uma.

De outubro de 1951 a janeiro de 1953, os surrealistas vão colaborar regularmente, com artigos e cartas, no jornal *Le Libertaire*, órgão da Federação Anarquista Francesa. Seu principal correspondente na Federação era naquele momento o comunista libertário Georges Fontenis. Foi nesta ocasião que Breton escreveu o flamejante texto intitulado "La claire tour" (1952), que relembra as origens libertárias do surrealismo: "Onde o surrealismo pela primeira vez se reconheceu, bem antes de definir a si mesmo e quando não era mais que uma associação livre entre indivíduos que rejeitavam espontaneamente e em bloco as obrigações sociais e morais de seu tempo, foi o espelho negro do anarquismo." Trinta anos e muitas decepções mais tarde, ele volta a se proclamar partidário do anarquismo — não aquele que alguns quiseram transformar em caricatura, mas "aquele que nosso camarada Fontenis descreve 'como o próprio socialismo, isto é, esta reivindicação moderna da dignidade do homem (sua liberdade tanto quanto seu bem-estar)'". Apesar da ruptura ocorrida em 1953, Breton não destruiu todas as pontes com os libertários, continuando a colaborar com algumas de suas iniciativas (Breton 1967, p. 424; *Atélier de création libertaire* 1992, 1994).

Este interesse e esta simpatia ativa pelo socialismo libertário não o levaram, contudo, a renegar sua adesão à

Revolução de Outubro e às idéias de Leon Trotski. Em 19 de novembro de 1957, em uma intervenção, André Breton persiste e assinala: "Contra ventos e marés, estou entre aqueles que encontram ainda, na lembrança da Revolução de Outubro, uma boa parte desse impulso incondicional que me levou para ela quando era jovem e que implicava a entrega total de si mesmo." Saudando o olhar de Trotski, tal como aparece, com o uniforme do Exército Vermelho, em uma velha fotografia de 1917, ele proclama: "Um olhar assim e a luz que dele emana, nada conseguiria apagá-los, assim como Thermidor não conseguiu apagar os traços de Saint-Just." Enfim, em 1962, em uma homenagem a Natalia Sedova Trotski por ocasião de sua morte, ele invoca em seus votos o dia em que, finalmente, "não somente se fará justiça a Trotski, mas também serão chamadas a assumir todo o seu vigor e toda a sua amplitude as idéias pelas quais ele deu sua vida" (Schwarz 1977, pp. 194, 200).

Para concluir, o surrealismo e o pensamento de André Breton são talvez o ponto de convergência ideal, este lugar supremo do espírito onde se encontram a trajetória libertária e a trajetória do marxismo revolucionário. Mas não se pode esquecer que o surrealismo contém aquilo que Ernst Bloch chamava de "um excedente utópico", um excedente de luz negra que escapa aos limites de qualquer movimento social ou político, por mais revolucionário que seja. Esta luz emana do núcleo inquebrantável de noite do espírito surrealista, de sua busca obstinada pelo ouro do tempo, de seu mergulho perdido nos abismos do sonho e do maravilhoso.

Walter Benjamin e o surrealismo: história de um encantamento revolucionário

Guy Girard, *A letra G como Gargântua na Gare Saint-Lazare,* nanquim, 1997.

Thomas Mordant e Ody Saban, *O jogo da união*, nanquim sobre papel, 1992.

Fascinação, é o único termo que dá conta da intensidade dos sentimentos de Walter Benjamin quando de sua descoberta do surrealismo em 1926-1927. Uma fascinação que se traduz inclusive em seus esforços para escapar ao envolvimento do movimento fundado por André Breton e seus amigos.

Como se sabe, foi a partir dessa descoberta que nasceu o projeto do *Livres des passages parisiens*. Em uma carta a Adorno* de 1935, Benjamin descreve nos seguintes termos a gênese desse *Passagenwerk* que iria ocupá-lo durante treze anos de sua vida: "No começo foi Aragon, *Le Paysan de Paris*, do qual, à noite na cama, eu nunca conseguia ler mais que duas ou três páginas, pois meu coração batia tão forte que eu precisava deixar o livro" (Benjamin 1979, pp. 163-164).[1]

Benjamin passara o verão de 1926 em Paris e, depois de sua viagem a Moscou, retornara para o verão de 1927. Foi provavelmente neste momento que ele tomou conhecimento do livro de Aragon (publicado em 1926) e de outros escritos surrealistas. Por que essa atração imediata e esse abalo interior? O testemunho perspicaz de Gershom Scholem,* que o visitara em Paris em 1927, traz à luz as motivações daquilo que ele chamou de "interesse ardente" de seu amigo pelos surrealistas: ele vira neles "um certo número de coisas que tinham irrompido nele mesmo no curso dos anos precedentes". Em outros termos: "Ele lia as revistas em que Aragon e Breton proclamavam algumas idéias que, em um certo sentido, vinham ao encontro de sua própria experiência mais profunda" (Scholem 1981, pp. 157-158). Veremos mais adiante que "idéias" eram essas.

Não sabemos se Benjamin encontrou Breton ou outros surrealistas nesta ocasião: nada o indica em sua correspondência. No entanto, parece que, segundo Adorno e Scholem (em seu prefácio a *Briefe*), ele teria trocado correspondências — hoje "perdidas ou inincontráveis" — com o autor do *Manifesto do surrealismo* (Adorno e Scholem 1981).

A marca dessa descoberta se deixa perceber — até certo ponto — no livro que Benjamin publicou naquele momento, *Sens Unique* (1928), de forma tal que Ernst Bloch achou que poderia falar desta obra como representante "típica" do "pensamento surrealista" — uma afirmação bastante exagerada e, em última análise, inexata (Bloch 1978, p. 340; Izard 1990, p. 3).

Com efeito, Benjamin tenta fugir de uma fascinação que lhe parece perigosa e destacar a *diferentia specifica* de seu próprio projeto. Em novembro de 1928, em uma carta a Scholem, ele explica que sente necessidade de "afastar seu trabalho de uma vizinhança excessivamente ostensiva com o movimento surrealista, que, por mais compreensível e fundada que fosse, poderia ser-me fatal" — sem com isso recusar-se a recolher a *herança filosófica* do surrealismo.

Em que consiste esta "vizinhança" "compreensível" e mesmo "fundada"? Uma hipótese interessante é sugerida em uma obra de Margaret Cohen, *Profane Illumination* (1993), que se refere à abordagem comum a Benjamim e André Breton como a um *marxismo gótico*, distinto da versão dominante, de tendência materialista metafísica e contaminada pela ideologia evolucionista do progresso. Parece-me, entretanto, que esta autora segue o caminho errado ao definir o marxismo comum a Benjamin e aos surrealistas como "uma genealogia marxista fascinada pelos aspectos irracionais do processo social, uma genealogia que pretende estudar a maneira como o irracional penetra a sociedade existente e que sonha em utilizá-lo para realizar a mudança social" (Cohen 1993).

O conceito de "irracional" está ausente tanto dos escritos de Walter Benjamin quanto daqueles de Breton: ele remete a uma visão racionalista do mundo herdada da filosofia das Luzes que nossos dois autores se propunham justamente a *superar* (no sentido da *Aufhebung* hegeliana). Por outro lado, o termo marxismo *gótico* é esclarecedor, com a condição de que esse adjetivo seja compreendido em sua acepção romântica: a fascinação pelo *encantamento* e pelo *maravilhoso*, assim como pelos aspectos "enfeitiçados" das sociedades e das culturas pré-modernas. O *roman noir* inglês do século XVIII e alguns românticos alemães do século XIX são referências "góticas" que se encontram no coração da obra de Breton e de Benjamin.

O *marxismo gótico* comum aos dois seria, portanto, um materialismo histórico sensível à dimensão *mágica* das culturas do passado. "Gótico" aqui deve ser tomado — também — no sentido literal de referência positiva a certos momentos-chave da cultura profana medieval: não é por acaso que tanto Breton quanto Benjamim admiram o amor cortês da Idade Média provençal, que constitui, aos olhos do segundo, uma das mais puras manifestações de iluminação. Eu insisto em "profana", pois nada é mais abominável para os surrealistas do que a religião em geral e a católica apóstolica romana em particular; Benjamin não se engana ao insistir na "revolta amarga e apaixonada contra o catolicismo a partir da qual Rimbaud, Lautréamont, Apollinaire engendraram o surrealismo" (Benjamin 1971, pp. 299-301).[2]

Para compreender efetivamente em que consiste a afinidade profunda de Benjamin com a obra de Breton, de Aragon e de seus amigos, é preciso, todavia, examinar mais de perto o artigo "Surrealismo. O último instantâneo da inteligência européia", que Benjamim publicou em fevereiro de 1929 na revista *Literarische Welt*. Redigido no decorrer de 1928, este texto difícil, às vezes injusto, freqüentemente enigmático, sempre inspirado, cravejado de imagens e alegorias estranhas, é de uma extraordinária riqueza. Não se trata de um artigo de "crítica literária" no sentido habitual do termo, mas de um ensaio poético, filosófico e político de primeiríssima importância, atravessado de intuições fulgurantes e de "iluminações profanas" surpreendentes. Tentemos reconstituir, sem nenhuma intenção de exaurir o tema, alguns de seus momentos essenciais.

Aos olhos de Benjamin, o surrealismo é coisa bem diversa de uma igrejinha literária — opinião que atribui aos "peritos" filisteus que ele chama ironicamente de "os nove vezes sábios". Não se trata, portanto, de um "movimento artístico", mas de uma tentativa de "fazer explodir de dentro o domínio da literatura" graças a um conjunto de *experiências* (*Erfahrungen*) *mágicas de alcance revolucionário*. Mais precisamente, de um movimento "iluminado", profundamente libertário e, ao mesmo tempo, em busca de uma convergência possível com o comunismo.

Se esta abordagem suscita da parte dele um "interesse ardente" (Scholem *dixit*), não seria porque corresponde muito exatamente à sua no curso dos dez anos precedentes? Levado por uma sensibilidade anarquista — ou "niilista revolucionária", para empregar um de seus termos favoritos — bem próxima daquela de Sorel (ver seu artigo "Critique de la violence" de 1921), Benjamin descobriu o comunismo graças aos belos olhos de Asja Lacis — Capri, 1923 — e a fisosofia marxista através da leitura de *História e consciência de classe*, de Lukács (1923). Se decide, depois de muito hesitar, não aderir ao movimento comunista, ele não deixa de permanecer como uma espécie de simpatizante próximo, de um tipo *sui generis*, que se distingue do modelo habitual pela lucidez e pelo distanciamento crítico — conforme testemunha claramente o seu *Diário de Moscou* de 1926-1927. Uma crítica que indubitavelmente se nutre da refrescante fonte libertária que continua a jorrar (às vezes de modo subterrâneo) no seio de sua obra.

Esse parentesco político-cultural íntimo com o surrealismo é, aliás, explicitamente mencionado nos primeiros parágrafos do artigo, em que Benjamim decreve a si mesmo como o "observador alemão", situado em uma posição "infinitamente perigosa entre a fronda anarquista e a disciplina revolucionária". Nada traduz de maneira mais concreta e ativa a convergência tão ardentemente desejada entre esses dois pólos do que a manifestação organizada pelos comunistas e pelos libertários em defesa dos anarquistas Sacco e Vanzetti. Ela não passou despercebida aos surrealistas e Benjamin também não deixa de destacar "a excelente passagem" (*ausgezeichnete Stelle*) de *Nadja*, em que se trata das "apaixonantes jornadas de confronto" que Paris conheceu sob o signo de Sacco e Vanzetti: "Breton garante que, durante aqueles dias, o bulevar Bonne-Nouvelle viu realizar-se a promessa estratégica de revolta que lhe fora feita desde sempre por seu próprio nome" (Benjamin 1971, pp. 297-298; 1977, pp. 297-298).[3]

É verdade que Benjamin tem uma concepção extremamente ampla do anarquismo. Descrevendo as origens distantes/próximas do surrealismo, ele escreveu: "Entre 1865 e 1875, alguns grandes anarquistas, sem comunicação entre si, trabalharam em suas máquinas infernais. E o surpreendente é que, de forma independente, eles tenham regulado seus mecanismos de relojoaria exatamente à mesma hora: foi simultaneamente que, quarenta anos mais tarde, explodiram na Europa Ocidental os escritos de Dostoievski, de Rimbaud e de Lautréamont" (Benjamin 1977, p. 308).[4] A data, quarenta anos depois de 1875, é evidentemente uma referência ao nascimento do surrealismo com a publicação, em 1924, do primeiro *Manifesto*. Se ele designa estes três autores como "grandes anarquistas", não é somente porque a obra de Lautréamont, "verdadeiro bloco errático", pertence à tradição insurrecional ou porque Rimbaud fez parte da Comuna. É sobretudo porque seus escritos fizeram saltar pelos ares, como a dinamite de Ravachol ou dos niilistas russos em um outro terreno, a ordem moral burguesa, o "diletantismo moralizador" dos *Spiesser* e dos *philistins* (Benjamin 1977, p. 305).[5]

Mas a dimensão libertária do surrealismo manifesta-se também de maneira mais direta: "Depois de Bakhunin, faltou à Europa uma idéia radical da liberdade. Os surrealistas têm esta idéia." Na imensa literatura sobre o surrealismo dos últimos setenta anos, é raro encontrar uma forma assim tão pregnante, tão capaz de exprimir, graças a algumas palavras simples e afiadas, o "núcleo inquebrantável de noite" do movimento fundado por André Breton. Segundo Benjamin, foi "a hostilidade da burguesia contra qualquer declaração de liberdade espiritual radical" que levou o surrealismo para a esquerda, para a revolução e, a partir da guerra do Rif, para o comunismo (Benjamin 1977, pp. 306, 310).

Essa tendência a uma politização e a um engajamento crescentes não significa, aos olhos de Benjamin, que o surrealismo deva abdicar de sua carga mágica e libertária. Ao contrário, é graças a essas qualidades que ele pode desempenhar um papel único e insubstituível no movimento revolucionário: "Dar à revolução as forças da embriaguez, é para isso que tende o surrealismo em todos os seus escritos e em todas as suas ações. Pode-se dizer que é sua tarefa mais própria." Para realizar esta tarefa é preciso, todavia, que o surrealismo supere uma postura demasiado unilateral e aceite associar-se ao comunismo: "Não basta que um componente de embriaguez viva, como todos sabemos, em qualquer ação revolucionária. Ele se confunde com o componente anarquista. Mas insistir nisso de modo exclusivo seria sacrificar inteiramente a preparação metódica e disciplinar da revolução a uma práxis que oscila entre o exercício e a véspera da festa" (Benjamin 1977, p. 311).[6]

Em que consiste então esta "embriaguez", este *Rausch* cujas forças Benjamin tanto quer dar à revolução? Em *Sens unique* (1928), Benjamin se refere à embriaguez como expressão da relação mágica do homem antigo com o cosmo, mas deixa entender que a experiência (*Erfahrung*) do *Rausch* que caracterizava esta relação ritual com o mundo desapareceu da sociedade moderna. Ora, no ensaio da *Literarische Welt* ele parece tê-la reencontrado, sob uma nova forma, no surrealismo.[7]

Trata-se de uma abordagem que atravessa vários escritos de Benjamin: a utopia revolucionária passa pela redescoberta de uma experiência antiga, arcaica, pré-histórica: o matriarcado (*Bachofen*); o comunismo primitivo; a comunidade sem classe nem Estado; a harmonia originária com a natureza; o paraíso perdido, do qual somos afastados pela tempestade "progresso"; a "vida interior" em que a adorável primavera ainda não perdera seu perfume (Baudelaire). Em todos estes casos, Benjamin não preconiza um *retorno* ao passado, mas — segundo a dialética própria do romantismo revolucionário — um *desvio* pelo passado em direção a um futuro novo, integrando todas as conquistas da modernidade desde 1789 (Löwy e Sayre 1992).

Isso vale também para a embriaguez moderna, da qual os surrealistas são portadores, que não poderia de modo algum ser associada àquela, arcaica, dos tempos antigos. Benjamin insiste, aliás, na distinção entre as formas inferiores e primitivas de embriaguez — os êxtases religiosos ou da droga — e uma forma superior, que em seus melhores momentos o surrealismo traz em si: a *iluminação profana*, "de inspiração materialista e antropológica". Figura rica mas difícil de delimitar, esta forma não-religiosa de *Erleuchtung* encontra-se tanto no amor cortês quanto na revolta anarquista, em *Nadja* e no mistério presente no coração do cotidiano. Herdeira do realismo filosófico da Idade Média reivindicado por Breton em seu "Introduction au discours sur le peu de realité" (1924), a iluminação profana dos surrealistas consiste antes de mais nada em "experiências mágicas sobre palavras", nas quais "interpenetram-se palavra de ordem, fórmula de encantamento (*Zauberformel*) e conceito"[8] (Benjamin 1971, p. 305).

Se a civilização capitalista/industrial moderna, prosaica e limitada — o mundo dos *Spiesser* e dos filisteus burgueses — é caracterizada, tal como percebeu Max Weber magistralmente, pelo *desencantamento do mundo*, a visão romântica do mundo, da qual o surrealismo é "a cauda do cometa" (Breton), é antes de tudo carregada pela ardente — às vezes desesperada — aspiração a um *re-encantamento do mundo*. O que distingue o surrealismo dos românticos do século XIX é, como bem compreendeu Benjamin, o caráter *profano*, "materialista e antropológico", de suas "fórmulas de encantamento", a natureza não-religiosa, e mesmo profundamente *anti*-religiosa, de suas "experiências mágicas", a vocação pós-mística de suas "iluminações".[9]

Entre estas últimas, Benjamin dedica uma atenção particular à descoberta pelos surrealistas das energias revolucionárias que se escondem no "'obsoleto', nas primeiras construções em ferro, nas primeiras fábricas, nas mais velhas fotos, nos objetos que começam a morrer, nos pianos de salão". Qual é "a relação entre estes objetos e a revolução"? Benjamin não o explica. Trata-se de um sinal da precariedade, historicidade, mortalidade das estruturas, monumentos e instituições burguesas? De um comentário irônico e subversivo a respeito da pretensão burguesa à "novidade" e à "modernidade"?[10] A seqüência do parágrafo parece avançar em outra direção, pois trata da *miséria* urbana e mesmo da tristeza dos "bairros proletários das cidades": "Antes destes videntes e decifradores de signos, ninguém percebera de que maneira a miséria, não somente a miséria social mas igualmente a miséria arquitetônica, a miséria do interior, os objetos subjugados e subjugantes, se transforma em niilismo revolucionário." Mas a própria Paris, "o mais sonhado destes objetos", é também fonte de experiência revolucionária, na medida em que "apenas a revolta ressalta sua face surrealista" (Benjamin 1971, p. 302). O argumento de Benjamin oscila entre suas diferentes abordagens, não necessariamente contraditórias, mas que estão bem longe de exprimir um critério unívoco. A menos que este critério seja o "truque" que consiste em "trocar o olhar histórico sobre o passado pelo político", isto é, observar cada "objeto" do ponto de vista de sua futura — próxima — abolição revolucionária (Benjamin 1971, p. 302).[11]

Entretanto, Benjamin censura no surrealismo, prisioneiro de certos "preconceitos românticos", uma maneira "demasiado rápida e nada dialética de conceber a essência da embriaguez". Os surrealistas não se dão conta de que a leitura e o pensamento são, eles também, fonte de iluminação profana: por exemplo, "a pesquisa mais apaixonada concernente à embriaguez do haxixe não fornecerá nem a metade das informações que pode dar a iluminação profana do pensamento sobre a embriaguez do haxixe" (Benjamin 1971, p. 311).[12] Esta crítica fica ainda mais estranha porque os surrealistas — contrariamente a Benjamin! (ver seu texto sobre "Haschisch à Marseille") — jamais estiveram muito inclinados às experiências de consumo de drogas e sempre manifestaram maior interesse pelas *Confissões de um inglês tomador de ópio,* de De Quincey, do que pelo próprio consumo deste doce narcótico.

Entre as iluminações profanas de que é rico o ensaio de Benjamin, nenhuma é tão surpreendente, tão *estranha* — no sentido do *unheimlich* alemão — por sua força premonitória, quanto o apelo instante à "organização do pessimismo".

Nada parece mais derrisório e idiota aos olhos de Benjamin que o *otimismo* dos partidos burgueses e social-democratas, cujo programa político não passa de um "mau poema de primavera". Contra este "otimismo sem consciência", este "otimismo de diletantes", inspirado pela ideologia do progresso linear, ele descobre no *pessimismo* o ponto de convergência efetivo entre surrealismo e comunismo (Benjamin 1971, p. 132). Desnecessário dizer que não se trata de um sentimento contemplativo e fatalista, mas de um *pessimismo ativo*, "organizado", prático, inteiramente voltado para o objetivo de impedir, por todos os meios possíveis, o advento do pior.

Em que consiste o pessimismo dos surrealistas? Benjamin se refere a certas "profecias" e ao "pressentimento" de certas "atrocidades" em Apollinaire e Aragon: "Tomam-se as casas editoras de assalto, jogam-se ao fogo as coletâneas de poesia, poetas são assassinados." O impressionante neste trecho não é apenas a previsão exata de um acontecimento que iria efetivamente produzir-se seis anos depois — o auto-de-fé de livros "antialemães" pelos nazistas em 1934; bastaria acrescentar as palavras "de autores judeus" (ou antifascistas) depois de "coletâneas de poesia" —, mas também, e sobretudo, a expressão que Benjamin utiliza (e que não se encontra nem em Apollinaire nem em Aragon) para designar tais "atrocidades": "um *pogrom* de poetas"... Trata-se de poetas ou de judeus? A menos que não estejam os dois ameaçados por este inquietante porvir. Como veremos, este não é o único estranho "pressentimento" desse texto rico de surpresas.

Perguntamo-nos, por outro lado, ao que pode fazer referência o conceito de pessimismo aplicado aos comunistas: sua doutrina em 1932, celebrando os triunfos da construção do socialismo na URSS e a queda iminente do capitalismo não é, em si, um belo exemplo de ilusão otimista? Efetivamente, Benjamin tomou emprestado o conceito de "organização do pessimismo" a uma obra que qualifica como "excelente", *La Révolution et les intellectuels* (1926), de Pierre Naville. Membro ativo do grupo surrealista (ele foi um dos redatores da revista *La Révolution Surréaliste*), Naville acabara de fazer, naquele momento, a opção pelo engajamento político no movimento comunista, engajamento que desejava partilhar com os amigos. Ele os incita a abandonar "uma atitude negativa de ordem anárquica" para aceitar "a ação disciplinada da luta de classe". Como já vimos, Benjamin retoma amplamente, por sua conta, a abordagem de Naville em relação aos surrealistas, guardando entretanto uma maior abertura a respeito do momento libertário da revolução.

Ora, para Pierre Naville o pessimismo é a maior qualidade do surrealismo. Alimentado pelas "razões que todo homem consciente pode dar a si mesmo para não confiar, sobretudo moralmente, em seus contemporâneos", o pessimismo constitui a seus olhos "a fonte do método revolucionário de Marx" (Naville 1965, pp 76-77, 110-117).

Inútil precisar que essa calorosa apologia do pessimismo era muito pouco representativa da cultura política do comunismo francês daquela época. De fato, Pierre Naville logo seria expulso do Partido: a lógica de seu antiotimismo o levaria para as fileiras da Oposição Comunista de Esquerda ("trotskista"), da qual ele logo se tornaria um dos principais dirigentes. A referência positiva a Naville, como ao próprio Trotski — a propósito da crítica ao conceito de "arte proletária" — no artigo de Benjamin, num momento em que o fundador do Exército Vermelho já fora expulso do Partido Comunista da União Soviética e exilado em Alma Ata, testemunha sua independência de espírito.

Segundo Walter Benjamin, a questão fundamental que o livro de Naville coloca é saber se a revolução exige antes de tudo a mudança das intenções ou das circunstâncias exteriores.[13] Ele constata com satisfação que, "da resposta comunista, os surrealistas aproximam-se cada vez mais". Em que consiste esta resposta? "Pessimismo em toda a linha. Sim, por certo e totalmente. Desconfiança quanto ao destino da literatura, desconfiança quanto ao destino da liberdade, desconfiança quanto ao destino do homem europeu, mas sobretudo três vezes desconfiança diante de qualquer acomodação: entre as classes, entre os povos, entre os indivíduos. E confiança ilimitada somente na IG Farben e no aperfeiçoamento pacífico da Luftwaffe" (Benjamin 1971).

Nesta passagem, exemplo marcante de iluminação profana, Benjamin vai bem além de Naville — de quem retoma, entretanto, o espírito de desconfiança e a recusa aos compromissos — e dos surrealistas. Sua visão pessimista/revolucionária permite que perceba — intuitivamente, mas com estranha acuidade — as catástrofes que atingiriam a Europa, perfeitamente resumidas pela irônica frase sobre a "confiança ilimitada". Bem entendido, nem mesmo ele, o mais pessimista de todos, poderia prever as destruições que a Luftwaffe iria infligir às cidades e às populações civis européias; e ainda menos imaginar que a IG Farben iria, apenas uma dúzia de anos mais tarde, tornar-se ilustre graças à fabricação do gás Zyklon B, utilizado para "racionalizar" o genocídio, nem que as fábricas iriam empregar, às centenas de milhares, mão-de-obra dos campos de concentração. Entretanto, único entre todos os pensadores e dirigentes marxistas daqueles anos, Benjamin teve a premonição dos monstruosos desastres que a civilização industrial/burguesa podia gerar. Apenas por este parágrafo — mas ele é inseparável do resto — este ensaio de 1929 ocupa um lugar à parte na literatura crítica ou revolucionária do entre-guerras.

A conclusão do artigo é uma celebração — bastante incondicional — do surrealismo como herdeiro do "materialismo antropológico" de Hebbel, Georg Büchner, Nietzsche e Rimbaud: uma surpreendente coleção de precursores! Este novo materialismo distingue-se, segundo Benjamin, daquele de Vogt e de Bukharin — é impossível deixar de pensar que ele leu a crítica de Lukács ao materialismo de Bukharin, publicada em 1926 —, que ele qualifica de metafísico. O que significa exatamente "materialismo antropológico"? Benjamin não o explicita, porém sugere que se trata da compreensão de que "a coletividade é um corpo vivo": quando a tensão revolucionária deste corpo vivo coletivo se transforma em descarga revolucionária, "somente então a realidade está, ela mesma, suficientemente ultrapassada para responder às exigências do *Manifesto comunista*".

Que exigências são essas? Benjamin não responde, mas acrescenta um comentário que constitui o ponto final do ensaio: "por enquanto os surrealistas são os únicos que compreenderam a ordem que ele [o *Manifesto comunista*] nos dá hoje. Um depois do outro, eles trocam sua gesticulação pelo mostrador de um despertador que toca a cada minuto durante sessenta segundos." Esta afirmação é surpreendente sob muitos aspectos. De um lado, ela parece, apesar de todas as críticas a suas limitações, privilegiar os surrealistas como os *únicos* a se situarem à altura das exigências do marxismo — o que colocaria em um nível inferior os outros intelectuais marxistas (provável referência a Bukharin). Por outro lado, longe de identificar o movimento surrealista com a *Vague des rêves* de Aragon —, que ele cita no começo do ensaio como exemplo típico do "estágio heróico" do movimento, quando seu "nó dialético" ainda estava "envolvido" em uma substância opaca —, ele o associa indiretamente à imagem dialética do *despertador*.

O que significa esta enigmática alegoria de um despertador que toca "a cada minuto durante sessenta segundos"? Benjamin sugere sem dúvida que o valor único do surrealismo consiste em sua disposição a considerar cada segundo como a porta estreita pela qual pode entrar a revolução — para parafrasear uma fórmula que Benjamin só escreverá bem mais tarde. Porque é da *revolução* que se trata desde o começo até o fim desse ensaio, e todas as iluminações profanas só têm sentido em relação a este ponto de convergência último e decisivo.[14]

Uma análise do lugar do surrealismo no *Passagenwerk* pediria outro artigo. Limitar-me-ei aqui a chamar a atenção para um aspecto diretamente ligado a esta conclusão do artigo da *Literarische Welt*. Apresenta-se com freqüência a diferença — e mesmo a contradição — entre a abordagem surrealista e a do *Livre des passages parisiens* como a oposição entre o *sonho* e o *despertar*. Com efeito, desde os primeiros esboços do projeto encontra-se a seguinte afirmação: "Delimitação da tendência deste trabalho contra Aragon: enquanto Aragon persevera no reino dos sonhos, trata-se aqui de encontrar a constelação do despertador (*Erwachen*). Enquanto persiste em Aragon um elemento impressionista — a 'mitologia' — e é este impressionismo o responsável por numerosos filosofemas informes (*gestaltlosen*) do livro —, trata-se aqui de uma dissolução da 'mitologia' no espaço da história. Bem entendido, isso só pode ter lugar através do despertar (*Erweckung*) de um conhecimento não ainda consciente do passado" (Benjamin 1980, pp. 571, 572).

Considerando que este texto foi redigido mais ou menos na mesma época que o artigo de 1929, como torná-lo compatível com a imagem do *despertador permanente* como quintessência do surrealismo? Exceto se considerarmos — o que me parece a hipótese mais verossímil — esta delimitação referente apenas a Aragon — e talvez à "etapa heróica" do movimento — e não ao surrealismo tal como se desenvolveu no curso dos anos 1927-1928. Mais ainda porque nem a "mitologia", nem o "impressionismo", nem os "filosofemas informes" fazem parte das — numerosas — críticas que Benjamin dirige a Breton e seus amigos no ensaio da *Literarische Welt*.

Não se poderia, aliás, reduzir a posição do *Livre des passages* a uma oposição estática entre o sonho e o despertar: a aspiração de Benjamin não é — como a de Baudelaire e de André Breton — a criação de um mundo novo onde a ação seria enfim irmã do sonho?

Pessimismo revolucionário: Pierre Naville e o surrealismo

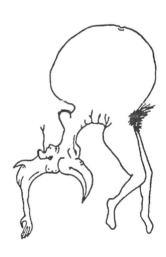

Carl-Michael Edenborg, *Cycle Gestation*, nanquim sobre papel, 1992.

Franklin Rosemont, Michael Löwy, Penelope Rosemont, *Cadáver excelente*, nanquim sobre papel, 1993.

O encontro entre surrealismo e marxismo é coisa bem diversa da relação conflitiva entre um partido político e uma "vanguarda artística", como ele tem sido apresentado com freqüência. O que estava em jogo nessa convergência era a formação de uma cultura revolucionária capaz de realizar enfim o voto tão caro a Baudelaire: conjugar o sonho e a ação, a poesia e a subversão.

Por sua tentativa de articular comunismo e surrealismo, Pierre Naville ocupa um lugar particular na história da cultura crítica na França. Tentaremos dar conta dessa experiência, privilegiando os anos 1926-1928.

Nascido em 1903 em uma família de banqueiros protestantes suíços, Naville começou suas atividades literárias com a idade de 18 anos, criando com o amigo Gérard Rosenthal a revista *L'Oeuf Dur*, onde publicaria seus primeiros poemas.

Durante o inverno de 1923-1924, Naville conheceu Breton e seus amigos da revista *Littérature* e os dois grupos uniram-se para criar aquele que logo se transformaria no primeiro grupo surrealista. No *Primeiro manifesto do surrealismo* (1924), Breton o cita como um dos 19 membros fundadores que "fizeram profissão de fé de SURREALISMO ABSOLUTO". Seu nome aparece em todos os panfletos coletivos e nas proclamações do grupo durante os quatro anos seguintes.

Quando o novo grupo decide publicar a revista *La Révolution Surréaliste*, Pierre Naville e Benjamin Péret foram escolhidos como redatores. A razão desta escolha, segundo André Breton, é que os dois podiam ser considerados, naquela época, como "os mais integralmente animados pelo novo espírito e os mais rebeldes a qualquer concessão" (Breton 1969, p. 110). As relações entre os dois redatores era excelente: em um artigo de 1925, Naville apresenta Péret como um homem para quem "todas as pátrias (...) são uma mesma desonra", cujos poemas, cintilando com a "pureza do cristal", são como "guizos incendiários" que anunciam "uma tempestade mágica" (Naville 1977, pp. 171-179).

Naville tinha também a maior admiração por Breton; em uma carta a sua companheira Denise (novembro de 1924) — prima de Simone Kahn, a primeira esposa de Breton —, ele confessa sua dívida intelectual para com o autor do *Manifesto surrealista*: "Breton anda bastante pessimista nesses dias. Respeito infinitamente o seu silêncio. Há entre nós uma amizade desigual. Devo-lhe enormemente não apenas no plano intelectual, mas no plano de minha revelação interior" (Naville 1977, p. 276).

Em setembro de 1924, Breton publicou sua "Introduction au discours sur le peu de realité", cuja conclusão é uma homenagem extática ao Oriente, feita de "cólera e de pérolas", e espírito das próximas revoluções. Como o amigo, na época Naville estava fascinado pela cultura oriental como uma possível alternativa à "civilização ocidental", burguesa e corrompida. Inspirado por esse sentimento, ele procurou um dos grandes historiadores do hinduísmo, René Guénon,[*] para convidá-lo a colaborar na revista surrealista. Guénon, que acabara de publicar uma obra sobre os Vedanta, partilhava com os surrealistas o interesse pelo sonho — que "ilumina a alma com sua própria luz" —, mas não poderia, de seu ponto de vista profundamente tradicionalista e antimoderno, compreender ou aceitar os objetivos do movimento (Breton 1970, pp. 28-29; Naville 1977, pp. 285-290).

Naville publicou vários textos automáticos em *La Révolution Surréaliste* e uma coletânea de poemas intitulada *Les Reines de la main gauche*. Próximo de Artaud, Leiris e Masson, escreveu com os três amigos, em abril de 1925, uma declaração comum que expressa perfeitamente certo estado de espírito de revolta absoluta: "Os membros abaixo-assinados de *La Révolution Surréaliste*, reunidos em 3 de abril de 1925 (...) concordam com os seguintes pontos: 1. Que antes de toda preocupação surrealista ou revolucionária, o que domina seus espíritos é um certo estado de furor (...); 4. O Espírito é um princípio essencialmente irredutível e que não pode se fixar nem na vida nem no além" (Naville 1977, p. 310).

Logo em seguida, Naville irá se distanciar desses postulados. A guinada terá lugar em 1925, no momento em que prestava seu serviço militar. Ao descobrir o comunismo, ele substitui o "furor" puramente negativo e a celebração idealista do "espírito" por um engajamento revolucionário positivo. No começo de 1926, decide aderir ao grupo Estudantes Comunistas e torna-se rapidamente redator do periódico *L'Étudiant d'Avant-Garde*.

Foi durante este período, isto é, o inverno de 1925-1926, que ele redigiu o livrete *La Révolution et les intellectuels*, que tem como objetivo conciliar as ambições surrealistas com as exigências revolucionárias do marxismo. O grande mérito do surrealismo era, a seu ver, seu espírito rebelde, "inspirado pelo sentimento irredutível da liberdade" que conduz necessariamente a um conflito com a burguesia e a uma convergência com o movimento revolucionário. Contudo, ele conclamava seus amigos surrealistas a irem além de um ponto de vista puramente negativo, "metafísico" e anarquista para adotar a abordagem dialética do comunismo, aceitando assim a "ação disciplinada" da única via revolucionária: o marxismo. Ele insistia na necessidade de não hesitar mais e escolher um campo: anarquismo ou comunismo, revolução do espírito ou revolução pela mudança do mundo dos fatos. Celebrando sempre o surrealismo como "uma atitude do espírito mais subversivo que implica também uma crença na desconstrução do estado atual de coisas", Naville critica as ilusões sobre a oposição entre o "Oriente" e o "Ocidente", o peso excessivo dado ao sonho e a hostilidade ao maquinismo moderno. Em última análise, ele esperava que o surrealismo, apesar de seu caráter "nitidamente romântico", fosse capaz de dar o passo que vai da revolta à revolução (Naville 1928, 1975, p. 92).[1]

O livrete — divulgado pelo Bureau surrealista* — foi até bem recebido pelos surrealistas; em uma carta à companheira Denise, no outono de 1926, Naville regozija-se por ter recebido "uma moção geral de confiança" sobre as idéias expressas nesse texto. André Breton respondeu em setembro de 1926, com o artigo *"Légitime défense"* (publicado em *La Révolution surréaliste* nº 7), que aceitava adotar um apoio "entusiasta" ao programa comunista, mas criticava a política cultural do Partido Comunista Francês e recusava qualquer colaboração com Henri Barbusse, redator literário de *L'Humanité.** Todos os surrealistas, asseverava, desejam uma revolução social que transfira o poder da burguesia para o

---

*Jornal do Partido Comunista Francês. (*N. da T.*)

proletariado, mas, "enquanto esperam", desejam dar prosseguimento a suas experiências sobre a via interna, sem nenhum controle do exterior.

Respondendo especificamente a Naville, Breton rejeitava as ilusões sobre o "maquinismo" e justificava, em compensação, a "esperança secreta" dos surrealistas no Oriente. Ele recusava-se sobretudo a separar "a realidade interior" do "mundo dos fatos" e confessava a ambição surrealista de superar esta oposição artificial utilizando todos os meios possíveis — a começar pelo mais primitivo: o apelo ao *maravilhoso*. Com a ajuda da poesia e da imaginação, o surrealismo quer abolir a oposição tradicional entre a ação e a palavra, o sonho e a realidade. Saudando sempre o materialismo histórico como uma teoria genial, Breton insistia no fato de que ele "só pode nascer na negação exasperada, definitiva" do materialismo puro. Ora, observa com acuidade o poeta, as velhas idéias materialistas vulgares, rejeitadas por Marx, "parecem seguir sub-repticiamente seu curso no espírito de certos dirigentes do Partido Comunista Francês" (Breton 1926; 1948, pp. 56-71).[2]

Este debate mostra que os desacordos entre Naville e Breton eram menos políticos — mesmo que o segundo considerasse, contra o primeiro, que uma reconciliação com os anarquistas era, "até certo ponto", possível — do que *filosóficas*: o autor do *Manifesto surrealista* considerava-se marxista, mas para ele o marxismo significava a superação dialética — no sentido da *Aufhebung* hegeliana — das velhas oposições entre idealismo e materialismo, interior e exterior.

Na realidade, os surrealistas estavam divididos em três tendências: aqueles que, como Naville, insistiam na revolução nos fatos; aqueles que, como Artaud, não acreditavam senão na revolução espiritual, e aqueles que, como Breton e a maioria do grupo, buscavam a unidade, a essência comum dos dois, partindo do postulado de que a poesia e a revolução são irmãs.

Quando de uma reunião do grupo surrealista em novembro de 1926, as relações entre surrealismo e comunismo foram novamente discutidas. Segundo Naville, não havia contradição entre colaborar em *La Révolution Surréaliste* e em *Clarté* — uma revista cultural ligada ao PCF e dirigida por Pierre Naville, Marcel Fourrier, Victor Castre e Jean Bernier. Não somente ele continuava a dar "uma importância capital" à atividade surrealista pura, como acrescentava que esta não deveria ser de forma alguma subordinada à tática da Terceira Internacional. Breton responde insistindo no acordo entre eles: "O livrete de Naville foi de grande eficácia. É uma das coisas que mais contribuíram para sacudir as pessoas de seu torpor." Ele silencia sobre seus desacordos filosóficos e limita-se a lamentar que "a exposição histórica imparcial" do ensaio "não comporte a conclusão bem precisa que dela se esperava" — provavelmente uma referência à adesão coletiva do grupo ao Partido, que Naville hesita em recomendar. Em qualquer caso, o debate se conclui com "um voto de aprovação a Naville" (Bonnet 1992, pp. 52-55).

Sem dúvida Breton, confrontado com a postura "espiritualista" e apolítica de vários membros do grupo — em especial Philippe Soupault, vivamente criticado por Naville por ocasião desse debate —, rejubilava-se com a perspectiva decididamente revolucionária e marxista trazida por Naville. Ele precisava desse contraponto, dessa antítese radicalmente materialista para elaborar sua própria síntese dialética, sua própria versão surrealista do marxismo, além das antinomias filosóficas tradicionais.

No começo do ano de 1927, influenciados pelo chamamento de Naville, Breton e vários dos principais membros do grupo surrealista decidiram seguir seu exemplo filiando-se ao Partido Comunista — reservando-se sempre um "direito de crítica"... Este novo passo tornou-se público em abril na declaração "Au grand jour", que incluía uma carta aberta muito amistosa para Pierre Naville: "Em seu livrete *La Révolution et les intellectuels*, você foi o primeiro a colocar a questão que ora debatemos." Assinada por André Breton, Benjamin Péret, Louis Aragon, Paul Éluard e Pierre Unik, a carta rende homenagem ao "espírito de decisão", à "coragem intelectual e à "lucidez" de Naville e insiste em sua concordância fundamental: "Somos profundamente ligados às mesmas coisas há muito tempo." Mas o que eles não sabiam é que o amigo — sempre um passo à frente dos outros! — decidira nesse meio-tempo tomar posição no conflito interno do movimento comunista, apoiando a Oposição de Esquerda Internacional dirigida por Leon Trotski.[3]

Como antigo redator de *La Révolution Surréaliste* e depois de *Clarté* — cada vez mais próxima da oposição trotskista —, Naville fez uma nova tentativa de formulação do espírito comum entre elas, escrevendo em junho de 1927 um ensaio curiosamente intitulado "Mieux et moins bien", que foi publicado em *La Révolution Surréaliste* nº 9-10. Esse documento, tão importante quanto *La Révolution et les intellectuels* — e sob certos aspectos ainda mais importante —, assume agora a defesa dos surrealistas contra aqueles que, no Partido Comunista, lhes pedem que abandonem algumas de suas atividades consideradas "não conformes ao marxismo". Criticando implicitamente o otimismo da direção comunista oficial (stalinista), Naville propõe um novo conceito, que não deixa de ter relação com sua nova posição política: o *pessimismo revolucionário*.

Para Naville, o pessimismo era a maior virtude do surrealismo em sua realidade na época e mais ainda em seus desdobramentos futuros. A seus olhos, o pessimismo, que está na origem da filosofia de Hegel e do método revolucionário de Marx, é o único meio para "escapar das nulidades e dos inconvenientes de uma época de compromisso". Naville sente apenas desprezo pelo "otimismo grosseiro" de um Herbert Spencer — que ele agracia com o amável qualificativo de "cérebro monstruosamente amesquinhado" — ou de um Anatole France, cujas "piadinhas infames" só fazem comprovar sua ausência de espírito crítico. Ele não partilha, no entanto, o pessimismo cético, contemplativo e inconsistente do "alemão misógino" Schopenhauer. Seu próprio pessimismo era *ativo, revolucionário, vivo* — como uma vela voltada para "todos os ventos e todas as tempestades" — e sobretudo, *organizado*: "A organização do pessimismo é realmente uma das 'palavras de ordem' mais estranhas que um homem consciente pode obedecer. Contudo, é a ela que queremos que ele siga." A organização do pessimismo é, segundo Naville, o único método que pode nos impedir de fenecer (1975, pp. 110-120).

É interessante observar que Naville definiu o traço comum ao surrealismo e ao comunismo menos na escala dos princípios ou dos objetivos, mas antes em um nível mais "orgânico", mais essencial, mais profundo: uma certa "maneira de ver" pessimista. Segundo testemunho de André Thirion, é o pessimismo de Breton que o atraiu para Trotski, que ele considerava um personagem excepcional, condenado a um destino injusto por um ajuntamento de indivíduos covardes e medíocres. Muitos anos mais tarde, em *Entretiens*, Breton assumiu — em uma polêmica contra Camus — uma postura mais reservada em relação ao "pessimismo surrealista": a seu ver, este pessimismo não concerne senão à situação presente do mundo, mas não ao porvir, que deve ser considerado com um "otimismo antecipatório" (Thirion 1972, pp. 131-132; Breton 1969, p. 251).

Inútil insistir no fato de que esta espécie de pessimismo revolucionário — comum ao surrealismo e ao marxismo, segundo Naville — era pouco compatível com o triunfalismo desenfreado da direção stalinista. Mas, naquele momento, Pierre Naville era ainda um membro disciplinado do PCF, o que lhe valeu um convite, na qualidade de redator de *Clarté*, para participar das celebrações do décimo aniversário da Revolução de Outubro. Como ele mesmo escreveria mais tarde, essa viagem à URSS "abriu-me decididamente os olhos" (Naville 1977, p. 343).

Graças a Victor Serge,* que escrevia ocasionalmente para *Clarté*, Pierre Naville e seu amigo Gérard Rosenthal serão apresentados a Leon Trotski e a outros dirigentes da Oposição de Esquerda. Serge ficara impressionado de maneira muito favorável com aqueles "dois jovens franceses, vindos do surrealismo, singularmente retos de caráter e de espírito inflexivelmente claro" (Serge 1978, p. 251). No curso de suas conversações com Trotski, que ele admirava enormemente, Naville discutiu sobretudo as perspectivas da Oposição de Esquerda Internacional; interrogado sobre o significado do surrealismo, ele esquivou-se da questão, incapaz de explicar ao fundador do Exército Vermelho as sutis diferenças internas do movimento (Naville 1979, p. 90).

De volta a Paris, Naville anunciou publicamente seu apoio à Oposição de Esquerda — o que lhe valeu, pouco depois, em fevereiro de 1928, como era de se prever, a exclusão do PCF. Alguns meses depois, seus dois ensaios foram publicados juntos sob o título de *La Révolution et les intellectuels*.

A publicação do livro suscitou um eco imediato além das fronteiras francesas: atraiu a atenção de Walter Benjamin e inspirou, em larga medida, seu brilhante ensaio de 1929, *Le surrealisme. Le dernier instantané de l'intelligence européenne*. Fascinado, depois de sua visita a Paris em 1926-1927, pelas "iluminações profanas" dos surrealistas, Benjamin esperava, como Naville, que eles logo se juntassem ao movimento comunista.

Como Naville, cujo "excelente ensaio" ele saudava, Benjamin acreditava que a hostilidade burguesa a qualquer aspiração de liberdade espiritual empurrara os surrealistas para a esquerda. Todavia, ao contrário de Pierre Naville, Walter Benjamin tinha muita simpatia pelo componente libertário do surrealismo.

Nada parece indicar que Naville tenha conhecido o ensaio de Walter Benjamin — na época um crítico literário pouco conhecido fora das fronteiras da Alemanha. Depois de seu retorno da URSS, ele dedicou-se inteiramente à organização da Oposição Comunista de Esquerda na França — principalmente através da revista *Clarté*, que logo (março de 1928) se transformaria em *Lutte des Classes* —, afastando-se pouco a pouco dos surrealistas. Ele ainda participou dos debates do grupo sobre a sexualidade em janeiro de 1928, mas um embate desagradável com Breton em julho de 1928 esfriaria suas relações. O objeto do debate era um artigo de Victor Serge sobre os acordos de Brest-Litovsk,* publicado por Naville em

Clarté. Depois de algumas réplicas polêmicas de ambos os lados, Naville levantou-se, foi embora. Ele nunca mais voltaria (Naville 1977, pp. 344-345).[4]

Ora, tudo parece indicar que Breton não desejava uma ruptura com Naville. A prova disso é que ele lhe escreveu, alguns meses depois, junto com Aragon, Péret, Queneau e Unik, uma carta amistosa convidando-o com insistência a participar de uma discussão sobre Trotski no grupo surrealista, que deveria ter lugar em março de 1929. Sabemos, observam eles, que sua principal atividade se situa em outro terreno, mas sua ausência de tal reunião seria uma lamentável "dessolidarização". Estamos certos, acrescentavam eles, que o destino de Trotski não pode ser-lhe indiferente e pensamos que o autor de *La Révolution et les intellectuels* deveria estar presente ao debate (Naville 1977, p. 346).

Naville recusou-se a comparecer. A questão de fundo era que ele não se considerava mais como membro do grupo surrealista. Como escreverá muito mais tarde, em um texto autobiográfico: "Não respondi [ao convite], decidido que estava a deixar o surrealismo falar sua própria língua sem criticá-lo" (Naville 1977, p. 346).

Quais foram as razões dessa partida? Efetivamente, Naville parecia ter chegado à conclusão de que havia tensões demais entre a ambição surrealista de revolucionar o espírito e as exigências concretas da revolução social. Conseqüentemente, ele decidiu privilegiar a segunda opção, não acreditando nas tentativas de Breton visando a uma reconciliação entre os dois. A esta divergência fundamental, pode-se acrescentar que Naville, ao contrário dos surrealistas, não era um romântico: ele tinha confiança na tecnologia moderna e rejeitava, conforme vimos, qualquer crítica ao "maquinismo", assim como os sonhos e especulações sobre o Oriente. Além disso, ele não partilhava a hostilidade de Breton em relação ao materialismo do século XVIII — ele irá escrever alguns anos depois um livro em homenagem ao barão de Holbach — nem sua fascinação pela dialética hegeliana.

Alguns meses mais tarde, saía no último número de *La Révolution Surréaliste* (dezembro de 1929) o *Segundo manifesto do surrealismo,* que incluía um virulento ajuste de contas de André Breton com certos surrealistas, entre os quais Naville. Dizer que os insultos dirigidos àquele que foi o primeiro redator da revista surrealista eram excessivos e injustos é dizer pouco. Em uma das passagens menos ofensivas, Breton compara Naville a uma "jibóia de maus bofes" e manifesta sua esperança de que os "domadores da força de Trotski e mesmo de Suvarin acabem por trazer à razão o eminente réptil" (Breton 1994, pp. 105-106)!

Por que este ataque brutal contra o autor de *La Révolution et les intellectuels*, que, alguns meses antes, ele mesmo tão amistosamente convidara para uma discussão interna do grupo? A explicação proposta pelo próprio Naville, muitos anos depois, é essencialmente política: teria sido a recusa de Breton, naquela época, de escolher entre Stalin e Trotski[5] que o levara a abrir fogo contra ele, um partidário ativo da Oposição de Esquerda. Breton justificava sua posição de neutralidade com o fato de que o próprio Trotski reconhecera, em uma carta de 25 de setembro de 1929, que a direção da Terceira Internacional evoluíra para a esquerda. Como Trotski apoiava o pedido de reintegração ao partido de Rakovsky e de outros oposicionistas de esquerda, por que os surrealistas seriam mais irredutíveis do que ele mesmo? O argumento não é falso, mas é preciso acrescentar que Trotski não estava muito otimista sobre os resultados desse pedido e sublinhava o fato de que, enquanto esperavam, os oposicionistas continuavam exilados ou deportados... (Trotski 1975, pp. 325-331).

Em última análise, a hipótese sugerida por Naville não é realmente convincente: outros surrealistas — como Benjamin Péret — também se posicionaram a favor da corrente trotskista, sem com isso serem atingidos pelos raios e trovões de André Breton. Ademais, desde que escrevera, em outubro de 1925, um resumo entusiasta do livro de Trotski sobre Lenin, Breton nunca deixara de consagrar uma intensa admiração ao fundador da Exército Vermelho; mesmo que, por um curto período, tenha aderido ao PCF, ele nunca se tornou, como tantos outros surrealistas, um stalinista.

O autor das injúrias oferece, em *Entretiens*, de 1952, uma outra interpretação: desculpando-se pelos "excessos de linguagem" do *Segundo Manifesto*, ele os atribui a uma "tensão nervosa" provocada pela situação crítica do surrealismo naquele momento e por problemas de sua vida íntima — uma referência evidente a seu divórcio da primeira mulher, Simone, prima de Denise Naville. Mesmo levando em consideração o aspecto pessoal, é difícil acreditar que ele possa constituir a principal razão do ataque contra o antigo editor de *La Révolution Surréaliste* (Breton 1969, p. 152).

Parece-me que seria necessário acrescentar uma terceira motivação para a irritação de Breton: o sentimento de que Naville o abandonara em um momento crucial — a "dessolidarização" de que fala a carta de março de 1929 —, deixando o grupo sem dar explicações. Enquanto o livro de Naville parecia visar a uma convergência, talvez mesmo uma espécie de fusão ou liga alquímica entre o surrealismo e o marxismo, sua defecção sugeria antes a necessidade de uma escolha: ou um ou outro. Além do mais, com sua partida, Naville impedia a construção de pontes entre os surrealistas e Trotski: é por isso que Breton o acusava, no *Segundo Manifesto*, de "afastar Leon Trotski de seus únicos amigos". Ele repetiu esta acusação vários anos depois, em *Entretiens*, ao afirmar que durante todos aqueles anos em que Naville foi um dos dirigentes da seção francesa da IV Internacional, de 1930 a 1939, ele fez tudo o que podia para tornar impossível qualquer aproximação entre os surrealistas e os partidários de Trotski. De fato, esta acusação não é infundada, porém se aplica apenas aos primeiros cinco ou seis anos deste período (Breton 1969, p. 137).

Curiosamente, Naville encontrou um defensor contra os ataques do *Segundo Manifesto* na pessoa de um admirador do surrealismo do outro lado do oceano: o grande pensador marxista peruano José Carlos Mariátegui. O revolucionário latino-americano estava em contato com Naville — enviara-lhe uma cópia de seu livro *Sete ensaios de interpretação da realidade peruana* (1928) — e publicara em sua revista *Amauta* alguns artigos favoráveis ao surrealismo.[6] Em termos muito semelhantes aos de Walter Benjamin (que ele certamente não conhecia), ele insistia no fato de que não se tratava de um fenômeno literário ou de uma moda artística, mas "de um protesto do espírito", que "denunciava e condenava, em bloco, a civilização capitalista". Por seu espírito e sua ação, o surrealismo era um movimento romântico, mas "por sua rejeição revolucionária do pensamento e da sociedade capitalistas, ele coincide historicamente com o comunismo, no nível político". Mariátegui seguia com o mais vivo interesse a aproximação entre o grupo surrealista e *Clarté*; lamentando, em um artigo de 1926, que eles não tivessem conseguido se fundir em uma publicação comum (o projeto de *La Guerre Civile*), constatava com satisfação, no entanto, que os surrealistas escreviam na revista comunista e que Breton e Aragon "subscreviam a concepção marxista da revolução" (Mariátegui 1973a).

Alguns anos mais tarde, em um artigo intitulado "O balanço do surrealismo", Mariátegui saudava as origens românticas do surrealismo — orgulhosamente assumidas por Breton no *Segundo Manifesto* — e igualmente seu engajamento no "programa marxista". Manifestando sempre sua "simpatia e esperança" em relação aos surrealistas, ele não deixa de criticar aquilo que chama de "agressão pessoal extrema" de Breton contra Naville, apresentado no *Manifesto* como um oportunista obcecado pelo desejo de notoriedade: "Parece-me que Naville tem um caráter muito mais sério. E não excluo a possibilidade de que Breton possa, mais tarde, corrigir seu ponto de vista sobre ele — se Naville corresponder às minhas próprias esperanças —, da mesma maneira nobre com a qual, depois de uma longa querela, ele reconheceu a persistência de Tristan Tzara em seu engajamento ousado e em seu trabalho sério." A previsão não era falsa, mas só veio a se realizar oito anos mais tarde (Mariátegui 1973b, 1973c).

Em 1930, Naville tornou-se um dos fundadores da Liga Comunista — a organização francesa da Oposição de Esquerda — e um dos membros do secretariado internacional do movimento. Aos 27 anos, ele era um dos principais dirigentes do trotskismo mundial. As relações de Naville com Trotski durante os anos 30 nem sempre foram fáceis. Eles divergiam muitas vezes sobre questões táticas e, em um debate com seus camaradas franceses em agosto de 1934, Trotski reclamou do caráter "abstrato" e "não-dialético" do pensamento de Naville (Trotski 1971).

Por causa dos ataques de Breton e de sua posição política ambivalente, a atitude de Naville em relação ao surrealismo era extremamente negativa, chegando mesmo a proibir o ingresso de Benjamin Péret em sua organização... Durante sua estada no Brasil, de 1929 a 1931, Péret ajudara a fundar o primeiro grupo trotskista neste país, a Liga Comunista. Expulso pela polícia brasileira, ele retornou à França em 1932 e pediu para aderir à organização irmã francesa. Ora, Naville e os outros dirigentes da Liga francesa (Molinier, Trent) exigiram dele nada mais nada menos que o abandono de suas atividades surrealistas e a denúncia do surrealismo no jornal da organização! É evidente que Péret se recusou e, alguns meses mais tarde, aderiu a um outro grupo trotskista dirigido por Marcel Fourrier, um dos antigos redatores de *Clarté*.[7]

O gelo só começou a se quebrar quando os surrealistas romperam definitivamente com a direção comunista oficial — quando da Conferência Internacional dos Escritores em 1935 — e sobretudo depois que Breton e seus amigos denunciaram os processos de Moscou.[8] Nesta ocasião — setembro de 1936 —, Breton leu uma declaração surrealista coletiva em um *meeting* do Partido Operário Internacionalista (POI),* o grupo trotskista francês dirigido por Naville, sobre "A verdade a respeito do processo de Moscou". O texto afirma que Trotski está "muitíssimo acima de qualquer suspeita" e que, "abstração feita das opiniões ocasionais não infalíveis que ele foi levado a formular", continua a ser para os surrealistas "um guia intelectual e moral de primeira ordem". Alguns meses mais tarde, em uma carta ao trotskista americano Herbert Solow, Naville refere-se a ele em tom amigável, mas ainda reservado: "André Breton, escritor surrealista, colabora lealmente conosco, mas politicamente pouco claro" (Schwarz 1977, p. 114; Trotski, Naville, Naville [D.], van Heijenoort 1989, p. 100).

O passo que mais contribuiu para uma espécie de reconciliação entre os dois foi uma carta enviada por Naville ao secretário de Trotski, Jan van Heijenoort, em 12 de maio de 1938, na época da visita de Breton ao México. Naville acrescentou à carta a declaração coletiva mencionada acima, sugerindo que ela fosse publicada. A opinião que ele exprime sobre Breton é antes favorável: não se pode esperar dele informações políticas precisas, escreve ele, mas comportou-se diante das acusações contra Trotski "com uma nitidez perfeita", pois, ao contrário de tantos outros, "não é um medroso". Trotski tomou conhecimento da carta e ficou favoravelmente impressionado. Em seu livro de memórias sobre Trotski (1962), Naville recorda uma visita de Breton depois de seu retorno do México — o primeiro contato entre eles desde 1929. Depois de ter expresso seu pesar pelos insultos do *Segundo Manifesto*, Breton relatou o seguinte diálogo com Lev Davidovitch: "Naville escreveu-me a seu respeito. — Oh, não deve ter sido muito boa coisa... — Sim, ele disse que o senhor é um homem corajoso" (Trotski 1989; Naville 1989; Naville 1979).

A partir desse momento, as relações entre Breton e Naville foram melhorando consideravelmente. Alguns meses depois, em 11 de novembro de 1938, Breton fez um relato emocionante de suas conversas com Trotski no México, quando de um encontro do Partido Operário Internacionalista — apresentando, nesta ocasião, sua declaração comum "Por uma arte revolucionária independente", que reclamava, para a esfera da criação intelectual, "um regime anarquista de liberdade individual". O poeta surrealista e o bolchevique exilado apelavam à cooperação entre marxistas e anarquistas — um velho sonho de Breton, como se viu — e à criação de uma organização comum dos artistas revolucionários contra o fascismo, o stalinismo e o sistema capitalista: a Federação Internacional pela Arte Revolucionária Independente (*Fiari*).

O comentário de Naville sobre o discurso de Breton, em uma carta enviada a van Heijenoort, é entusiasta e, desta vez, sem reservas: "Breton fez em nossa assembléia do dia 11 um ótimo discurso. Havia 350 pessoas presentes. Publicaremos seu texto na revista. Ele falou com muita emoção, partilhada pelo público" (Trotski, Naville 1989, p. 202). No decorrer dos meses que se seguiram, trotskistas e surrealistas irão trabalhar juntos na *Fiari* — cuja publicação, *Clé*, tinha como redator um dos melhores amigos de Pierre Naville, o jovem Maurice Nadeau.

A guerra porá um ponto final nesta apaixonante mas efêmera iniciativa. Recrutado pelo Exército em 1939, feito prisioneiro por ocasião da derrota, Naville ficará sabendo em 1940, em um campo de prisioneiros alemão, do assassinato de Leon Trotski. Esse acontecimento parece tê-lo convencido de que a Quarta Internacional, da qual ele fora um dos fundadores em 1938, não tinha mais futuro. Durante os dez anos seguintes, sua evolução política iria afastá-lo novamente de Breton, mas paradoxalmente na direção contrária de suas antigas divergências de 1929-1935. Enquanto Breton se torna cada vez mais hostil à corrente dominante (stalinista) do movimento comunista, Naville tenta se aproximar dela, principalmente participando, depois da guerra, da *Revue Internationale*, antes de encontrar, com a fundação da Nova

Esquerda em 1955 e do PSU em 1960, uma via socialista alternativa.

Nos anos do pós-guerra, Naville ainda encontrará Breton e Benjamin Péret, mas as relações entre eles são esparsas. As críticas que Breton lhe faz em *Entretiens* (1952) — só em parte justificadas, como se viu — em nada ajudaram. Em 1975, Naville reedita *La Révolution et les intellectuels* com um interessante e substancioso prefácio que apresenta sua própria versão dos debates no grupo surrealista entre 1925-1928. Sua conclusão é que Breton e seus amigos foram poupados da degradação stalinista de Aragon e outros menos por razões políticas do que por sua fidelidade à revolução surrealista.

Em 1977, Naville publica — pela primeira vez desde 1928 — uma obra dedicada ao surrealismo, *Le Temps du surréel*. Largamente autobiográfica, ela reúne seus poemas e artigos de *L'Oeuf Dur* e de *La Révolution Surréaliste*, assim como outras matérias dos anos 20. Inclui também a introdução à reedição de *La Révolution et les intellectuels* além de ensaios sobre a literatura automática, a sexualidade, a pintura surrealista, Sade, Benjamin Péret, Paul Éluard e Salvador Dalí. Em sua conclusão, ele afirma sua convicção de que "a paixão pelo surreal" assumirá no futuro formas e dimensões novas, bem além das "formas tradicionais da intervenção surrealista", já ultrapassadas.[9] A última palavra de Naville sobre o surrealismo é um documento bastante surpreendente. Em 6 de abril de 1993, algumas semanas antes de sua morte (23 de abril), em reação ao envio por Franklin Rosemont de um ensaio dos surrealistas de Chicago sobre a revolta de Los Angeles — a violenta sublevação, em protesto contra um julgamento racista, da população negra, latina e pobre da cidade em abril-maio de 1992 —, ele escreve a este último uma carta entusiasmada: "Fiquei maravilhado com seu texto." Saudando a verve e a precisão desse documento "brilhante", ele não hesita em apresentá-lo como "um modo novo e de considerável importância para mostrar que o mundo atual deverá conhecer uma explosão surrealista muito maior do que aquela que se deu em Paris, em 1924". Curiosamente, Naville retoma por sua conta uma imagem do artigo de Benjamin sobre o surrealismo: o nascimento do movimento em 1924 como a "explosão" de uma "máquina infernal". Ele termina esta carta com uma mensagem calorosa: "Pode dizer a seus amigos americanos, como àqueles do exterior, que eu espero vivamente que seu movimento surrealista consiga renovar aquilo que tentamos há tanto tempo."[10]

Em outros termos, às vésperas da morte, em sua carta de adeus — espécie de "testamento surrealista" —, Pierre Naville parece reencontrar suas esperanças surrealistas da juventude, nos anos 20. Mas desta vez, em lugar do pessimismo revolucionário, ele é inspirado por aquilo que Breton chamava de "otimismo antecipatório" dos surrealistas...

O romantismo *noir* de Guy Debord

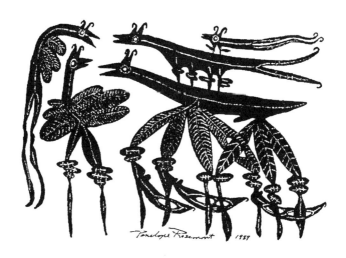

Penelope Rosemont, sem título, nanquim sobre papel, 1999.

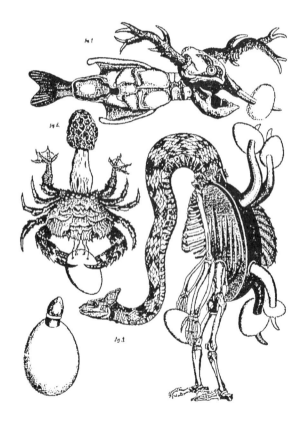

Jan Svankmajer, *Fellacius Œdipius,* gravura colorida à mão, 1973.

Guy Debord nunca fez parte de um grupo surrealista. Mas a Internacional Letrista* dos anos 50, da qual ele foi um dos fundadores, não deixava por isso de considerar-se herdeira da abordagem surrealista — propondo, no entanto, radicalizá-la: "Já repetimos suficientemente que o programa de reivindicações definido outrora pelo surrealismo — para citar este sistema — nos parece um mínimo cuja urgência não deve nos escapar" (Debord 1996). A única tentativa de colaboração entre o grupo letrista e os surrealistas — contra as comemorações do centenário de nascimento de Rimbaud, em 1954 — encerrou-se com um fracasso e foi seguida de violentos ataques recíprocos. Debord e seus amigos vão, por outro lado, colaborar, em 1955-1956, na revista surrealista belga *Les Lèvres Nues,** dirigida pelos poetas Marcel Mariën e Paul Nougé — em conflito, é verdade, com os surrealistas de Paris.

Apesar das polêmicas e das excomunhões mútuas, não se pode deixar de constatar uma profunda "afinidade eletiva" entre sua tentativa de subversão cultural e aquela de André Breton e amigos. Como observa com inteligência um estudo recente sobre o autor de *La Société du spectacle*: "Nunca se sublinhará o bastante a dívida contraída por Debord e seus amigos junto ao surrealismo do entre-guerras: basta que se leia o primeiro panfleto surrealista distribuído, o menor artigo da

Littérature ou qualquer correspondência de um surrealista para que se fique convencido disso. Este parentesco evidente nunca será assinalado pelos situacionistas" (Gonzalez 1998, p. 22). Deve-se, no entanto, notar que, em seus escritos de 80 e 90, Debord tomará a defesa de André Breton, denunciando a utilização sistemática contra ele do termo depreciativo "papa" como "uma ignomínia derrisória" (Debord, p. 57).

Diferenças evidentes existem entre Debord e Breton: o primeiro é bem mais racionalista e mais próximo do materialismo francês das Luzes. O que eles partilham, além do grande alcance poético e subversivo que se propõe a superar a dualidade entre "arte" e "ação", do espírito orgulhoso de revolta, de insubmissão e de negatividade, é a sensibilidade *romântica revolucionária*.

Guy Debord é uma máquina infernal difícil de desmontar. E, no entanto, não é por falta de tentativas. Tenta-se ainda hoje. Tenta-se neutralizá-la, adoçá-la, estetizá-la, banalizá-la. Mas de nada adianta. A dinamite segue sempre lá, e arrisca explodir entre as mãos daqueles que a manipulam com o objetivo de torná-la inofensiva.

Eis um exemplo, recente, no livro de Cécile Guilbert, *Pour Guy Debord*, publicado em uma coleção dirigida por Philippe Sollers. Debord não seria mais que um "escritor dândi" de estilo fulgurante: "tudo o que resta dele é literatura". A bem dizer, em sua obra a "ética se reabsorve na estética". Como integrar nesta abordagem asséptica um livro revolucionário como *La Société du spectacle*? Simplesmente evacuando-o: ele não é tão digno assim de interesse, pois, enquanto "obra teórica impessoal", não é redigido na primeira pessoa do singular. De resto, é excessivamente marcado pelos volteios e pelo léxico do jovem Marx e de Hegel, que estragam seu belo estilo: "Quando ele deixou estes grandes alemães, sua prosa ressentiu-se. Para melhor." No lugar de Marx e Hegel, o autor deste ensaio prefere referir-se a Rivarol e Ezra Pound. Questão de estilo, sem dúvida (Guilbert 1996).

Outros, ao contrário, não retêm mais que a obra de 1967, ou, antes, seu título, reduzindo suas teses a uma crítica banal das mídias. Ora, aquilo que ele chamava de "sociedade do espetáculo" não era apenas a tirania da televisão — a manifestação mais superficial e imediata de uma realidade mais profunda —, mas todo o sistema econômico, social e político do capitalismo moderno (e de sua cópia burocrática no Leste), baseado na transformação do indivíduo em espectador passivo do movimento das mercadorias e dos acontecimentos em geral. Tal sistema separa os indivíduos uns dos outros, inclusive através de uma produção material que tende a recriar continuamente tudo o que engendra isolamento e separação, do automóvel à televisão. O espetáculo moderno, escrevia Guy Debord em uma daquelas fórmulas soberbas das quais ele possuía o segredo, é "um canto épico", mas não canta, como a *Ilíada*, os homens e suas armas, mas "as mercadorias e suas paixões" (*La Société du spectacle*).

É uma evidência, mas hoje é preciso lembrá-lo com insistência: Guy Debord era marxista. Bastante heterodoxo em relação às correntes dominantes do marxismo na França, sem dúvida, formidavelmente inovador e aberto às intuições libertárias. Mas não deixava de reivindicar-se marxista. Sua análise do espetáculo deve muito à *História e consciência de classe* de Lukács, que colocara no centro de sua teoria da reificação a transformação dos seres humanos em espectadores do automovimento das mercadorias. Como Lukács, Debord vê no proletariado o exemplo de uma força capaz de resistir à reificação: graças à prática, à luta, à atividade, o sujeito emancipador rompe com a contemplação. Desse ponto de vista, os conselhos operários, ao abolirem a separação entre produto e produtor, decisão e execução, são a antítese radical da sociedade do espetáculo (Jappe 1996).[1]

Contra todas as neutralizações e castrações, é preciso lembrar o essencial: a obra de Guy Debord — que ainda será lembrada no próximo século — foi redigida por alguém que se considerava "um revolucionário profissional na cultura". Ele contribuiu para fazer da Internacional Situacionista uma corrente que tentou associar as tradições do comunismo conselhista ao espírito libertário do anarquismo em um movimento pela transformação radical da sociedade, da cultura e da vida cotidiana — um movimento que fracassou, mas ao qual o imaginário de 68 deve alguns de seus impulsos mais audaciosos.

Pode-se criticar Guy Debord: espírito aristocrático, fechado em uma orgulhosa solidão, admirador do barroco e dos estrategistas políticos astuciosos (Maquiavel, Castiglione, Baltasar Gracian, o cardeal de Retz), ele era bastante megalomaníaco e não escondia — sobretudo em seus escritos autobiográficos — a pretensão desmesurada de ser o único indivíduo livre em uma sociedade de escravos. Mas é preciso reconhecer o seguinte: ao contrário de tantos outros de sua geração, ele jamais aceitou, sob qualquer forma que fosse, reconciliar-se com a ordem de coisas existente.

Uma das razões da fascinação que seus textos exercem é esta *irredutibilidade* que resplandece com um sombrio brilho romântico. Por *romantismo* não entendo — ou não apenas — uma escola literária do século XIX, mas algo muito mais vasto e mais profundo: a grande corrente de protesto contra a civilização capitalista/industrial moderna, em nome de valores do passado, que começa no século XVIII com Jean-Jacques Rousseau e que persiste, passando pela *Frühromantik* alemã, pelo simbolismo e pelo surrealismo, até os nossos dias. Trata-se, como o próprio Marx já constatara, de uma crítica que acompanha o capitalismo como uma sombra a ser arrastada desde o seu nascimento até o dia (bendito) de sua morte. Como estrutura de sensibilidade, estilo de pensamento, visão do mundo, o romantismo atravessa todos os domínios da cultura — a literatura, a poesia, as artes, a filosofia, a historiografia, a teologia, a política. Dilacerado entre nostalgia do passado e sonho do porvir, ele denuncia as desolações da modernidade burguesa: desencantamento do mundo, mecanização, reificação, quantificação, dissolução da comunidade humana. Apesar da referência permanente à idade de ouro perdida, o romantismo não é necessariamente retrógrado: no decorrer de sua longa história, ele conheceu tanto formas reacionárias quanto formas revolucionárias.[2]

É a esta última tradição do romantismo, utópica e subversiva, que vai de William Blake a William Morris* e de Charles Fourier a André Breton, que pertence Guy Debord. Ele nunca deixou de denunciar e de ridicularizar as ideologias da "modernização", sem temer por um instante sequer a acusação de "anacronismo": "Quando 'ser absolutamente moderno' tornou-se uma lei especial proclamada pelo tirano, aquilo que o honesto escravo teme antes de tudo é que se possa imaginá-lo passadista" (*Panégyrique*, 1989).

E ele jamais escondeu uma fascinação por certas formas pré-capitalistas da *comunidade*. O valor de troca e a sociedade do espetáculo dissolveram a comunidade humana, baseada na experiência direta dos fatos, no verdadeiro diálogo entre os indivíduos e na ação comum para resolver os problemas. Debord menciona freqüentemente as realizações parciais da comunidade autêntica no passado: a pólis grega, as repúblicas medievais italianas, as aldeias, os bairros, as tavernas populares. Retomando (implicitamente) por sua conta a célebre distinção de Ferdinand Tönnies entre *Gesellschaft** e *Gemeinschaft**, ele estigmatiza o espetáculo como "uma sociedade sem comunidade" (*La Société du spectacle*). Nos *Commentaires sur la société du spectacle*, de 1988, ele estabelece uma constatação amarga desta perda: "Pois não existe mais ágora, mais comunidade geral, e nem mesmo comunidades restritas a corpos intermediários ou a instituições autônomas, a salões ou cafés, aos trabalhadores de uma só empresa" (Debord 1988, p. 29).[3]

Para ilustrar o *romantismo noir* — no sentido do "*roman noir*" inglês do século XVIII — de Guy Debord, tomarei como exemplo um único texto: o roteiro do filme *In Girum Imus Nocte et Consumimur Igni*. Este texto é uma palavra esplêndida, ao mesmo tempo poética, filosófica, social e política. Tanto o roteiro quanto as imagens funcionam de maneira complementar no quadro de uma utilização iconoclasta, no sentido estrito, do cinema clássico.

A palavra tem um valor intrínseco, independente da função da imagem. É significativo, a este respeito, que em 1990 Debord reedite o texto sozinho, sem as imagens, acrescentando apenas uma série de notas em pé de página.

Se o filme é feito de citações cinematográficas, o texto é, ele também, recheado de citações que ora indicam suas fontes (Clausewitz, Marx, Swift), ora silenciam sobre elas (a Bíblia, Victor Hugo). Porém, na realidade, as fontes não têm grande importância. Como mestre e teórico do desvio, Debord as trata como os bandidos da estrada tratam os bens de suas vítimas. Ele arranca as passagens citadas de seu contexto para integrá-las em seu discurso, o que lhes dá, assim, um sentido novo.

Profissional da provocação, Debord começa o roteiro por um ataque contra seu público. Público composto, em sua esmagadora maioria, de assalariados da sociedade mercantil, vítimas consentidas da sociedade do espetáculo, incapazes de se desvencilhar "da concorrência do consumo ostentatório do nada". Mas seu objetivo principal encontra-se alhures. Ele relata como, na Paris dos anos 50, nasceu um projeto de subversão total. O título do filme, um palíndromo latino ("Nós giramos na noite e somos consumidos pelo fogo"), resume, em uma imagem ambígua, os sentimentos e os dilemas de um grupo de jovens que tinham como emblema "a recusa de tudo aquilo que é comumente admitido". Um grupo que se encontrou nas primeiras fileiras de um "assalto contra a ordem do mundo", na vanguarda de maio de 68. E, se o inimigo não foi aniquilado, as armas dos jovens combatentes não deixaram de ficar enfiadas "na garganta do sistema de mentiras dominantes" (Debord 1978, pp. 224, 257, 264).

Não é apenas a qualidade poética, a originalidade filosófica, o rigor crítico, a soberba impertinência que dão a este roteiro sua fascinante potência, mas também a paixão e a imaginação de um pensamento inspirado na tradição subversiva do romantismo *noir*.

Como seus ancestrais românticos, Debord não experimenta senão desprezo pela sociedade moderna: ele não pára de denunciar suas "edificações ruins, malsãs e lúgubres", suas inovações técnicas que não beneficiam, na maioria dos casos, senão os empresários, seu "analfabetismo modernizado", suas "superstições espetaculares" e, sobretudo, sua "paisagem hostil", que responde às "conveniências concentracionárias da indústria presente". Ele é particularmente feroz em relação ao urbanismo neo-haussmaniano e modernizador da 5ª República, promotor de uma sinistra adaptação da cidade à ditadura automóvel. Uma política responsável, segundo Debord, pela morte do sol, pelo escurecimento do céu de Paris pela "falsa bruma da poluição", que cobre permanentemente "a circulação mecânica das coisas neste vale de desolação". Ele não pode, portanto, senão recusar "a infâmia presente, em sua versão burguesa ou em sua versão burocrática", e não vê outra saída para essas contradições senão "a abolição das classes e do Estado" (Debord 1978, pp. 193, 202, 212, 220-221).

Este antimodernismo revolucionário se faz acompanhar de um olhar nostálgico em direção ao passado. Pouco lhe importa que se trate da "moradia antiga do rei de Ou", reduzida a ruínas, ou da Paris dos anos 50, reduzida diante dele, graças ao urbanismo contemporâneo, a uma ruína escancarada. A saudade pungente das "belezas que não voltarão", das épocas em que "as estrelas não haviam sido extintas pelo progresso da alienação", a atração por "senhoras, cavalheiros, armas, amores" de uma era que desapareceu atravessam, como um murmúrio subterrâneo, todo o texto (Debord 1978, pp. 217, 219, 221, 225).

Mas não se trata de voltar ao passado. Poucos autores do século XX conseguiram, tanto quanto Guy Debord, transformar a nostalgia em uma força explosiva, em uma arma envenenada contra a ordem de coisas existente, em um rompimento revolucionário em direção ao futuro. O que ele procura não é o retorno à Idade de Ouro, mas "a fórmula para revirar o mundo". Esta busca, ele e seus amigos a realizarão de início nas *derivas* — esta "perseguição de um outro Graal nefasto", com seus "surpreendentes encontros" e seus "encantamentos perigosos" —, que lhes permitiram ter de novo nas mãos o "segredo de dividir o que está unido" (Debord 1978, pp. 247-249).

"Encantamentos perigosos." Esta expressão é importante. Se o *ethos* da civilização moderna é — como bem percebeu Max Weber — *die entzauberung der Welt* (o desencantamento do mundo), o romantismo é, antes de tudo, uma tentativa, muitas vezes desesperada, de *re-encantamento* do mundo. Sob que forma? Enquanto os românticos conservadores sonhavam com a restauração religiosa, os românticos *noirs*, de Charles Maturin a Baudelaire e Lautréamont, não hesitaram em escolher o campo do Mefistófeles faustiano, este "espírito que diz sempre não".

É também o caso de Guy Debord e seus amigos, partidários da dialética negativa, que logo tomam "o partido do Diabo", "isto é, deste mal histórico que leva à destruição as condições existentes". Diante de uma sociedade corrompida que se pretende unida, harmoniosa e estável, sua mais ardente aspiração é transformarem-se em "emissários do Princípio da Divisão". E confrontados com a "claridade enganadora do mundo ao inverso", eles se pretendem discípulos do "príncipe das trevas". "Belo título, afinal: o sistema das luzes presentes não os outorga tão honoráveis" (Debord 1978, pp. 249, 251).

Como os poetas românticos (Novalis), Debord prefere os símbolos da *noite* aos de uma *Aufklärung* excessivamente manipulada pela classe dominante. Mas, enquanto para eles a luz noturna preferida é aquela da lua — como no célebre verso de Tieck, que resume em duas palavras o programa literário e filosófico do primeiro romantismo alemão: *die mondbeglantze Zaubernacht* ("a noite de encantamentos iluminada pela lua") —, para o roteirista de *Im Girum Imus Nocte et Consumimur Igni* trata-se antes do *clarão dos incêndios*: "Eis como ardeu, pouco a pouco, uma nova época de incêndios cujo fim nenhum dos que vivem neste momento verá: a obediência está morta" (Debord 1978, p. 242).

As chamas já tocam os muros da fortaleza espetacular? Já se percebe, conforme acreditava Guy Debord em 1979, a inscrição babilônica *Mané, Mané, Thécel, Pharès* nestes muros? Talvez. Em todo caso, ele não se enganava ao concluir: "Os dias desta sociedade estão contados; suas razões e seus méritos foram pesados e considerados leves; seus habitantes dividiram-se em dois partidos, dos quais um quer que ela desapareça." (Debord 1979).

Fiel às injunções do romantismo *noir*, Guy Debord foi uma espécie de aventureiro do século XX. Mas ele pertencia a uma espécie particular, definida nos seguintes termos por uma convocação da Internacional Letrista em 1954, assinada, entre outros, por "Guy-Ernest Debord": "O aventureiro é aquele que faz acontecerem as aventuras, mais que aquele para quem as aventuras acontecem" (*Potlatch* 1954).

Esta máxima poderia servir de epígrafe para sua vida.

Vincent Bounoure: a espada cravada na neve ou o espírito que quebra mas não dobra

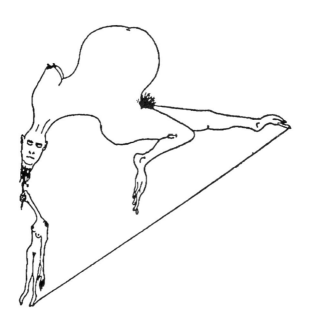

Carl-Michael Edenborg, *Cycle Gestation*, nanquim sobre papel, 1992.

Ody Saban, *Vôo de amor,* nanquim sobre papel, 1995.

Durante quarenta anos, Vincent Bounoure (1928-1996) encarnou a recusa obstinada do surrealismo de acomodar-se, de reconciliar-se com o mundo, de dissolver-se. Com a força apenas da poesia e da imaginação, ele manteve viva a chama da vela-pássaro, a luz da lâmpada-nuvem.

Vincent chegou ao surrealismo no meio dos anos 50. Encontra-se sua assinatura em todos os panfletos do movimento depois de 1957 e em particular na convocação dos 121 pela insubordinação contra a guerra da Argélia (1961). Na primavera de 1958, ele publica seu primeiro artigo na quarta edição de *Surréalisme même*: "Prefácio a um tratado das matrizes", espantosa viagem do espírito que vai de Hegel aos melanésios, passando pela alquimia: "Aonde vai o desejo humano? Que vá ao mais longe para ser pleno. Todo o imaginário não é demais; é preciso a cimeira do vento, e num mesmo impulso sobre a crista o rubor da papoula que revela visões."

Na apresentação desse número, a redação da revista (dirigida por André Breton) assim o introduzia: "porque ele sabe descobrir uma estrela em uma flor de urzal, o mapa da ilha do tesouro em um élitro de escaravelho, Vincent Bounoure, vinte e nove anos, formado nas disciplinas científicas (École des Mines), mas antes de tudo poeta, guarda não apenas o sentido 'de uma louca juventude que combina tão pouco com o tempo quanto o amor', mas ainda dispõe de todos os meios para fazê-la brilhar."

Vincent também escreverá nas revistas surrealistas dos anos 60, como *La Brèche*, onde publica em 1963 (n° 4) "O paradoxo da comunicação", uma homenagem ao filósofo libertário Max Stirner: "Ao romantismo cabe ainda esta glória de fogo que sempre coroa a Revolta. Longe dela ser estéril, pois é só dela que procede qualquer realização efetiva. Só ela carrega as bandeiras da Revolução."

A grande paixão de Vincent, partilhada com sua companheira Micheline, foi a arte dos povos ditos "primitivos". Em um artigo para a revista surrealista *L'Archibras* (n° 2, outubro de 1967), "O surrealismo e o coração selvagem", ele celebra a potência mágica dos objetos oceânicos ou africanos, que contam "a odisséia do desejo entre a floresta das substâncias e o jogo das imagens". "Estrelados de rictos", estes objetos "falavam por gritos de pássaros". Mas, além das obras, é o espírito dos "selvagens" que o fascina: "Os povos totemistas nunca foram atingidos por esta miopia que retira às formas todo valor sensível para emprestar-lhes uma estabilidade compatível apenas com a utilização técnica."

Quando, após a morte de Breton, alguns quiseram "dissolver" o grupo surrealista — esquecendo que aquele veneno não era solúvel —, Vincent atravessou-se em seu caminho com *Rien ou quoi?* (outubro de 1969): "Já as historiografias (...) exultam ao ver alguns dentre nós autenticarem enfim a data marcada em seus livretes para o fim dos fins; esta data que eles foram obrigados a rasurar todos os anos há quarenta anos... Nada ou o quê? Eu não escondo: a meu ver, é *nada*

Michael Löwy
Paisagem interior 1
colagem, 1993

Eugenio Castro
sem título
gomagem, 1996

Michel Zimbacca
L'apiculcoeur
o apiculcor [ação])

nanquim sobre papel, 1955

Kathleen Fox
Memória líquida
técnica mista, 1999
(detalhe)

Kathleen Fox
Djarada
monotipo, crayon e
colagem, 1999 (detalhe)

Eva Svankmajerova
Eu estive lá
óleo sobre tela, 1992

Marie S., *dixit* lagatta
sem título
envelope iluminado, aquarela, guache e nanquim sobre papel, 1990

Marie S., *dixit* lagatta
Arcano 89. A revolta
envelope iluminado, aquarela, guache e nanquim sobre papel, 1990

Jean-Pierre Guillon
Coroada da Comuna
colagem, 1980

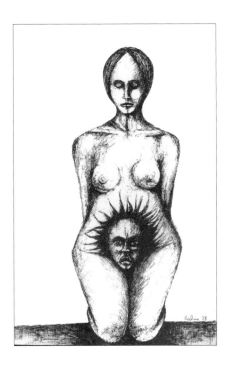

Halina
Educação católica
nanquim sobre papel, 1978

Jean-Pierre Guillon
A escaravelha
tinta e lápis de cor, 1980

Sergio Lima
Animal que caminha à noite
óleo sobre cartão, 1965

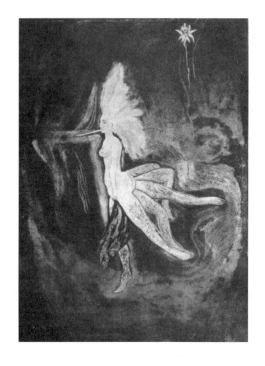

Albert Marencin
sem título
colagem, 1974

Albert Marencin
sem título
colagem (variação A), 1974

Albert Marencin
Torso
colagem, 1978

Albert Marencin
sem título
colagem, 1965

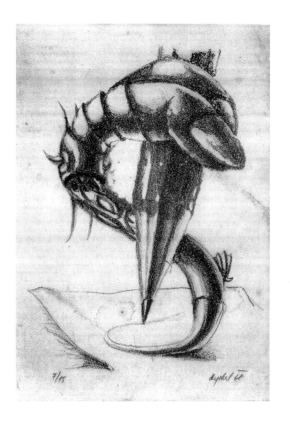

Martin Stejskal
sem título
gravura, 1968

Michel Zimbacca
Objeto celeste
nanquim sobre papel, 1955

Michel Zimbacca
sombra destacada
nanquim sobre papel, 1955

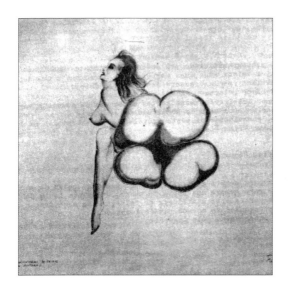

Sergio Lima

As formas alucinatórias do desejo. Homenagem à histeria

1965

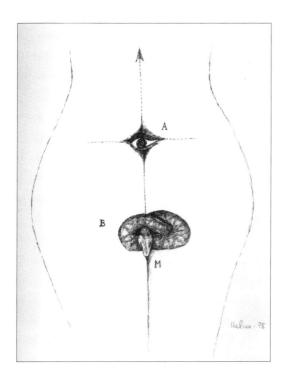

Halina

Anatomia da víbora lúbrica: o guardado e o olhar

nanquim sobre papel, 1978

Jean-Pierre Guillon
A nova Eva
colagem, 2000

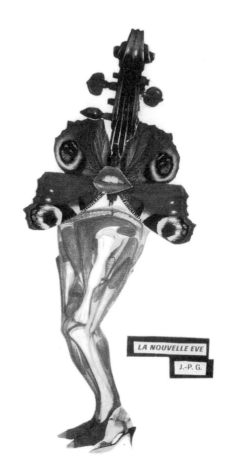

fazer limitar-se a fundar tais grupos inspirando-se no surrealismo, como aconteceu às dúzias durante os últimos quarenta anos. (...) É acomodar-se em um projeto que não coincidirá com o surrealismo. (...) Deve-se acreditar, como me foi confiado, que o talismã se quebrou? Estou muito interessado em que isso não seja nada. É mais que certo que cabe apenas a nós mesmos recompor os signos... Chamar por um novo nome a mulher que se ama, creio que é mudá-la. A poesia também é feita de palavras invariáveis. Ela desaparece com elas."

A partir desse impulso, os surrealistas continuaram a confrontar-se com suas aventuras individuais, para desimpedir a via comum, cuja necessidade ele nunca deixou de afirmar. Uma via que encontrará sua primeira expressão na redação, no curso dos anos 70, do *Bulletin de Liaison Surréaliste*. Alguns anos mais tarde, Vincent organiza, com alguns amigos surrealistas franceses e tchecos (Vratislav Effenberger e seus camaradas) a obra *La Civilisation surréaliste* (1976), que permanecerá como um dos maiores textos do movimento depois do desaparecimento de Breton. Em um dos escritos dessa coletânea, Vincent sublinhava: "Qualquer exteriorização surrealista é, ao longo de meio século de existência, testemunha de oposição, ou pelo menos, para retomar a fórmula de Charles Fourier (...) declaração de afastamento absoluto. A história do surrealismo é a história desse protesto."

Em junho de 1976, *Rouge* (hebdomadário da Liga Comunista Revolucionária) resenhava *La Civilisation surréaliste*: "Este livro exprime toda a diversidade, a riqueza e o sopro libertário da mensagem surrealista", assim como sua recusa apaixonada da "civilização industrial-capitalista e de sua concepção do mundo mercantil, racional-positivista".

Foi nessa época que Vincent e Micheline estreitaram os laços com os militantes da Quarta Internacional, ajudando-os a organizar a campanha pela libertação de Maria Regina Pilla e Paulo Paranaguá (cineasta surrealista), militantes revolucionários presos pelos militares argentinos. Vincent estava bem longe de ser um otimista. No entanto, não subordinava seu engajamento em uma causa à convicção de seu sucesso, à garantia de uma vitória. No número 2 da revista *Surréalisme* (junho de 1971), em um texto ardente, "Ordalie", ele proclama sua recusa do julgamento da história — versão apenas renovada do "infame julgamento de Deus". O surrealismo permanece "um pólo incombustível", além de qualquer fracasso e de qualquer sucesso.

Por que "civilização" no lugar de "revolução surrealista" no título do livro de 1976? Em uma entrevista a *Critique Comuniste* (n° 24, 1978), Vincent se explica a esse respeito: "Se o que importa é fazer a revolução, decerto é para se chegar a uma civilização. Precisar em que condições o objetivo revolucionário responderá à exigência poética, isto é, será autenticamente civilização, tal é a tarefa urgente que empreendemos."

Criticando, nesta amistosa entrevista com Michel Lequenne e Carlos Rossi, a "contaminação do marxismo por correntes de pensamento estrahas às intuições centrais de Marx", Vincent insistia: "A ação conjugada dos talmudistas do marxismo e dos submarinheiros da mitologia cristã-industrial desvia as energias revolucionárias, tende a causar estupor. Creio conhecê-los o suficiente, vocês marxistas revolucionários, para que possamos nos designar aqui a tarefa comum de redirecionar estas energias a sua única destinação."

O desaparecimento trágico, em 1981, de Micheline, sua companheira, foi uma dolorosa provação. A partir desta data, publicou muito pouco — à exceção do magnífico livro-catálogo *Vision d'Océanie*, editado em 1992 pelo Museu Dapper. Continuou, entretanto, a participar das iniciativas e atividades dos surrealistas parisienses.

Laços pessoais fortes uniam Vincent aos surrealistas tchecos, obrigados, durante a longa noite stalinista, a uma atividade semiclandestina. Recebendo seus amigos para a primeira exposição dos surrealistas tchecos em Paris, em outubro de 1990, ele não escondia sua alegria: "Imaginem que o belo rio que atravessa Praga foi barrado pela história durante os últimos vinte anos e que, de repente, os céus de ouro que ele refletiu com tanta paciência (...) ele os devolve enfim quando, agora, o formidável dique que obstruía seu curso explodiu" (*Bulletin Surréaliste International*, n° 1, junho de 1991).

Se a aventura surrealista ainda continua em nossos dias, e se ela prossegue no século XXI, como esperamos, isso se deve e há de se dever, em absoluto primeiro lugar, ao espírito de insubmissão de um homem: Vincent Bounoure.

E se fosse preciso uma palavra para descrever sua personalidade, a força magnética que atraía para o norte todas as fibras de seu ser, o fogo sagrado que queimava no fundo de suas pálpebras, essa palavra seria poesia. Uma poesia que se exprimia não apenas em suas coletâneas de poemas —, com imagens de Jean Benoît, Jorge Camacho, Guy Hallart, Martin Stejkal — mas em todos os seus escritos, e em toda a sua vida. Uma vida inteira a perseguir aquilo que ele chamava, em um poema de *Talismans* (Bounoure 1967), de o cometa que

> *visite les tours brûlées,*
> *Le loup au front.*
> *Elle laisse une epée plantée dans la neige.*

> (visita as torres queimadas,
> o lobo na fronte.
> Ele deixa uma espada cravada na neve.)

O surrealismo depois de 1969

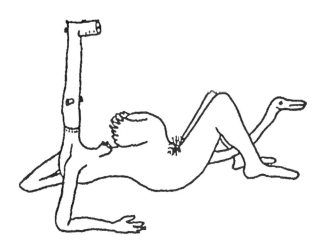

Carl-Michael Edenborg, *Cycle Gestation*, nanquim sobre papel, 1992.

Ody Saban, *Estréia de uma revolta imaginária,* nanquim sobre papel, 1995.

Um rumor insistente, que com o tempo assumiu o peso esmagador e a consistência granítica do dogma, pretende que o surrealismo desapareceu, como movimento e como ação coletiva, em 1969. De que se trata?

Três anos depois da morte de Breton, algumas das figuras mais conhecidas do surrealismo, Jean Schuster, José Pierre, Gérard Legrand e vários outros, proclamaram a necessidade de dar um fim a qualquer atividade coletiva reclamando-se surrealista. Em seu artigo "Le quatrième chant" (*Le Monde*, 4 de outubro de 1969), Jean Schuster estabeleceu a distinção, que teve grande êxito, entre o "surrealismo eterno", "componente ontológico do espírito humano" e o "surrealismo histórico", que, pretendia-se, encerrara seu percurso em 1969.

Esta classificação é bem discutível: por um lado, se o surrealismo encontrou ancestrais em todas as culturas do passado e se a poesia e a liberdade são constantes antropológicas da espécie humana, o movimento surrealista como tal é histórico e não participa de nenhuma "eternidade" — impossível, aliás, por razões já argumentadas há alguns milênios por Heráclito: *ta panta rei*, tudo muda, tudo transcorre, tudo se transforma. Por outro lado, graças à ação de coletivos diversos ao redor do planeta, o movimento surrealista sobreviveu à crise de 1969: seu banimento aos arquivos "históricos" era um pouco prematuro.

Recordemos o essencial de uma história que é pouco conhecida, quando não deliberadamente escondida. À dissolução pronunciada por Schuster, Vincent Bounoure opõe um texto intitulado "Rien ou quoi?", que propõe o prosseguimento do movimento. Com uma tiragem de cem exemplares, este documento — seguido de uma pesquisa — circula em Paris e Praga e suscita inúmeras respostas, em sua maioria positivas, que serão reunidas em março de 1970 em uma coletânea (Bounoure).

Os surrealistas parisienses que recusam o abandono se reagrupam — em estreita relação com seus amigos de Praga — em torno ao *Bulletin de Liaison Surréaliste*. Dos dez números do *BLS* participaram, entre outros, Jean-Louis Bédouin, Micheline e Vincent Bounoure, Vratislav Effenberger, Marianne van Hirtum, Robert Lebel, Joyce Mansour, Jehan Mayoux, Jan e Eva Svankmajer, Michel Zimbacca.

No editorial do primeiro número do *BLS* pode-se ler: "Ninguém tem o direito de definir uma 'linha' surrealista e menos ainda de impor um traçado dela. Mas cabe a cada um de nós descrever a própria trajetória e fixar os pontos nos quais ela recorta a dos outros..." Lendo o *Bulletin*, é possível iniciar-se nos jogos dos contrários, nos relatos paralelos e participar do debate sobre "surrealismo e revolução" com Herbert Marcuse.

Em 1976, essa atividade prossegue com a publicação, sob a direção de Vincent Bounoure, da coletânea *La Civilisation surréaliste*, com a participação dos colaboradores do *Bulletin*, assim como (entre outros) de René Alleau, Jean Markale e Martin Stejskal.

Enquanto Bernard Caburet denuncia a "civilização excremencial" na qual os seres humanos se tornam "as mais belas cabeças do gado econômico para as câmaras frias do porvir", Vincent Bounoure e Vratislav Effenberger lembram, em um artigo comum, que, diante "da resignação racionalista e do irracionalismo metafísico que continuam a dar ritmo à ação", o surrealismo apela à "subversão das condições psicológicas da existência humana, visando a dar um fim aos efeitos devastadores do conflito entre princípio de prazer e princípio de realidade".

Em 1977, as edições Savelli (Paris) reúnem os dez números publicados do *Bulletin de Liaison Surréaliste* em um volume e publicam os dois números de uma nova revista intitulada *Surréalisme*. *Surréalisme* é prazerosamente ilustrada por obras de Karol Baron, Gabriel Der Kervorkian, Marianne van Hirtum, Albert Marencin, Pierre Molinier e muitos outros. Aí estão, entre outros, um apelo (outubro de 1976) pela libertação de Paulo Paranaguá, poeta e cineasta surrealista brasileiro encarcerado na Argentina, um texto soberbo de Joyce Mansour ("Le Casier vierge ou la traversée de la Mer Rouge") e imagens do jogo de colagens paralelas (fabricados com estoques de imagens idênticas distribuídas aos participantes). Sem esquecer um debate entre Michel Lequenne e Vincent Bounoure sobre "Perversão e revolução" e a descoberta, por Michel Zimbacca, dos 36 verbos de amar ("cosmorder", "asfigozar", "prismaginar", "sedeamar"...).

Nos anos que se seguem, o grupo dedica-se a atividades internas, para só reaparecer em 1990. Nos últimos dez anos, o Grupo Surrealista de Paris voltou a ter uma intervenção pública, desmentindo mais uma vez o atestado de óbito do surrealismo tantas vezes pregado nas árvores dos bulevares. Além de publicar três números de uma nova revista, *SURR* (*Surréalisme, Utopie, Rêve et Révolte*), os parisienses organizaram várias exposições coletivas, entre as quais *Terre Intérieure* — título inspirado em um texto de Silvia Guiard

—, na Galeria Hourglass de Paris (1993), *La Marelle des révoltes*, no local da CNT, Confederação Nacional dos Trabalhadores (1996), e *Eveil paradoxal*, na Maison des Arts da cidade de Conches, Normandia (2000).

Em 1993, foram colados nos muros da cidade dezenas de cartazes com mensagens — como "O maravilhoso é sexualmente transmissível" — ilustradas por desenhos. Em diversas ocasiões foram publicadas ou distribuídas nas ruas declarações coletivas, denunciando, por exemplo, a Guerra do Golfo ("À memória dos cadáveres futuros") ou em solidariedade ao levante zapatista ("Viva Zapata!"), à marcha européia dos desempregados ("Os punhos em nossos bolsos furados") e à luta dos trabalhadores emigrantes sem documentos ("Imaginem um escritor sem papel"). Vários desses textos foram assinados também pelos "Amigos da rua de Pernelle", grupo de pessoas que se reúnem em torno aos surrealistas no Café Saint-Jacques, perto da esquina das ruas Nicolas Flamel e Pernelle (esposa do célebre alquimista) e em frente à Tour Saint-Jacques, símbolo do hermetismo e das tradições ocultistas. Resumindo o espírito dessas multíplices manifestações, Marie Dominique Massoni, principal inspiradora de tais iniciativas, escreveu na apresentação da exposição de 1996: "Insubmissão: a imaginação ateia fogo à pólvora. Sem ela, nenhuma revolta se mantém."

A persistência do surrealismo — como aquela da toupeira estrelada, *condylura cristata* — é discreta mas perfeitamente visível: hoje se encontram grupos surrealistas ativos não apenas em Paris, mas também em Praga, em Estocolmo, em Madri, em Chicago e em São Paulo. Os anos 90 assistiram ao florescimento de revistas que materializam esta atividade: além da *SURR* (Paris), *Analogon* (Praga), *Salamandra* (Madri), *Stora saltet* (Estocolmo), *Arsenal* (Chicago), *Manticore* (Leeds). Dois números de um *Bulletin Surréaliste International* foram publicados (em 1991 e 1992), com debates, pesquisas, documentos e, pela primeira vez, um texto comum aos diferentes grupos, denunciando as sinistras celebrações do quinto aniversário do "descobrimento das Américas". Se em Paris essas atividades não encontram o mesmo eco que encontravam há trinta ou quarenta anos, em Praga é o contrário: nunca, desde 1945, o grupo teve tal impacto cultural. Quanto a Madri, Estocolmo e São Paulo, é a primeira vez que conhecem uma atividade surrealista coletiva.

Por certo, esta atividade é muitas vezes marginal, ignorada pelos meios de comunicação e pela crítica, negligenciada pelos "especialistas" universitários. É um fato. Mas como bem dizia o velho Fichte: *"umso Schlimmer für dir tatsachen"* ("pior para os fatos"). O que quer dizer, neste caso: pior para os críticos, especialistas e outros dignos membros perpétuos da Academia das Inscrições e Belas-Letras. O surrealismo está *alhures*.

Seria preciso, portanto, falar de um surrealismo que não é nem "eterno", nem "historicamente terminado", mas *atual*. Remeto ao sentido originário do termo latino (século XIII) *actualis*: "em ação". Os surrealistas agem, coletivamente, em vários países e continentes. Esta atividade não visa à imitação de obras passadas, mas tenta continuar a aventura, descobrir figuras novas e inéditas do maravilhoso, explorar os quartos, corredores e cimos desconhecidos do "castelo invisível". Esta capacidade de inovação é a única garantia de uma verdadeira atualidade, e o único meio de escapar aos anéis asfixiantes da *boa constrictor* da eterna repetição do mesmo.

Trata-se de uma atualidade intempestiva no sentido das *Unzeitgemässen Betrachtungen* ("considerações intempestivas") de Nietzsche, isto é, alimentadas por uma hostilidade irrecon-

MICHAEL LÖWY

ciliável contra a pseudocultura européia contemporânea. Segundo o *Petit Robert*, o intempestivo é "aquilo que se produz no contratempo", aquilo que "não é conveniente" nem "oportuno". Pode-se imaginar atividade mais no contratempo — ou seja, contra este tempo aqui —, menos "oportuna" e menos "conveniente" que a de um grupo surrealista no final do século XX? Pode-se imaginar uma prática mais "deslocada", "importuna" ou "inconveniente"[1] que a de um coletivo que se reivindica sempre a exploração surrealista do desconhecido?

Contrariamente ao que se acredita tantas vezes, a temporalidade do surrealismo não é da mesma natureza que aquela das ditas "vanguardas artísticas" que sucederam umas às outras, depois de um efêmero período de florescimento: fovismo, cubismo, expressionismo, futurismo, dadaísmo. Ela se assemelha antes àquela, mais profunda e durável, dos grandes movimentos culturais — ao mesmo tempo artísticos, filosóficos e políticos —, como o barroco ou o romantismo.

O surrealismo, como a alquimia, o socialismo ou a filosofia romântica da natureza, é um caso de tradição. Ele remete a um conjunto complexo de rasuras-escrituras, documentos e rituais; à transmissão de uma mensagem esotérica, filosófica e política; à continuidade das práticas mágicas e poéticas. Do passado não façamos tábula rasa. Aquele que não sabe acender no passado a centelha da esperança não tem futuro.

Mas o surrealismo é também, como a feitiçaria, a pirataria e a utopia, um caso de imaginação criadora. Como os cangaceiros, os bandidos de honra dos sertões brasileiros, os surrealistas estão condenados a inovar: as estradas consagradas, os velhos caminhos, as trilhas batidas estão nas mãos do inimigo. Eles precisam encontrar pistas novas ou, antes, traçá-las eles mesmos no chão: é o caminhante quem faz o caminho.

Glossário

Acordos de Brest-Litovsk: em março de 1918, nesta cidade russa na fronteira com a Polônia, uma delegação soviética (dirigida por Leon Trotski) foi obrigada, para obter a paz, a assinar um tratado com o Reich alemão que tirava da URSS a Polônia, a Ucrânia, a Finlândia, uma parte da Bielo-Rússia e os países bálticos. Em 13 de novembro de 1918, depois da derrota da Alemanha e da queda da monarquia, o tratado foi anulado pelo governo soviético.

Adorno, Theodor Wisegrund (1903-1969): filósofo judeu alemão, musicólogo e sociólogo, marxista heterodoxo. Um dos fundadores, com Max Horkheimer, da Escola de Frankfurt. Exilado nos Estados Unidos durante o Terceiro Reich, voltou a Frankfurt depois da guerra. Em seu livro comum, *Dialética da razão* (1947), Adorno e Horkheimer submetem a uma crítica radical a racionalidade instrumental característica do mundo ocidental, seu projeto de dominação da natureza e a transformação da cultura em mercadoria. Entre suas principais obras estão: *Minima moralia* (1951) e *Dialética negativa* (1967).

Aufhebung: na linguagem alemã corrente este termo tem três significados distintos: conservar, suprimir, elevar a um nível superior. Em Hegel, torna-se um conceito dialético que contém simultaneamente os três atos.

Blake, William (1757-1827): poeta, pintor e gravador inglês. Espírito visionário e profético, inimigo de todo dogmatismo religioso e partidário fervoroso da Revolução Francesa, Blake proclama em seus escritos, ilustrados por ele mesmo — como *O casamento do céu e do inferno* (1793) ou *Os cantos da experiência* (1794) —, a superioridade da imaginação poética e o poder da energia criadora. Em algumas de suas obras — como *O livro de Urizen* e *O canto de Loos* (1795) —, ele inventa uma cosmogonia nova a partir de símbolos bíblicos desviados.

Bloch, Ernst (1885-1977): filósofo judeu alemão, marxista de inspiração romântica, teórico da utopia. Exilado nos Estados Unidos na época do nazismo, voltou depois da guerra para a Alemanha Oriental, mas deixou-a pela Alemanha Ocidental em 1961. Sua principais obras são: *O espírito da utopia* (1918), *Thomas Münzer, teólogo da revolução* (1921), *Herança de nosso tempo* (1935), *O princípio esperança* (1959). Interessou-se pelo surrealismo em seus escritos dos anos 30.

Borel, Pétrus (1809-1859): escritor francês romântico, republicano veemente, era apelidado de *O Licantropo* (o homem-lobo). Seus romances, *Champavert, contos imorais* (1833) ou *Madame Putiphar* (1839), caracterizam-se por seu não-conformismo, seu espírito "frenético" (André Breton) e seu romantismo revolucionário. Figura na antologia do humor negro de André Breton.

Bureau Central de Pesquisas Surrealistas: situado na rua de Grenelle 15, animado por Antonin Artaud e Michel Leiris, foi em 1924-1925 o laboratório de experimentação do grupo e o local de elaboração de certos textos particularmente virulentos (redigidos por Artaud) endereçados ao

papa, ao dalai-lama, aos reitores das universidades européias etc.

Clarté: revista fundada em 1919 por Henri Barbusse, retomada em 1924 por dois jovens intelectuais próximos ao
comunismo, Jean Bernier e Marcel Fourrier, que farão
apelo à colaboração dos surrealistas. Em 1925, um apelo
comum, "A revolução antes e sempre", é assinado por
Clarté e pelos surrealistas, mas o projeto de uma publicação comum, intitulada *La Guerre Civile*, fracassa. Em
1926, a redação é garantida por Denise Naville, Aimé Patri
e Michel Collinet, logo acompanhados por Gérard
Rosenthal e Pierre Naville. A revista se transforma, em
1928, em *La Lutte des Classes*, órgão da Liga Comunista, seção francesa da Oposição Comunista de Esquerda
Internacional.

Coleridge, Samuel Taylor (1772-1834): poeta, crítico e filósofo romântico inglês. Antes partidário da Revolução
Francesa e de um romantismo revolucionário, assim como
seu amigo Wordsworth, com o qual publica, em 1798, *Ba-
ladas líricas*, torna-se cada vez mais conservador e místico. Seu livro filosófico de 1825, *Ajuda à reflexão*,
testemunha esta orientação e a influência de idéias neo-
platônicas.

Congresso Internacional dos Escritores pela Defesa da Cul-
tura: por iniciativa da AEAR, Associação dos Escritores e
Artistas Revolucionários, próxima do PCF, e do Comitê de
Vigilância dos Intelectuais Antifascistas (unitário), este
congresso teve lugar em junho de 1935, no Palais de la
Mutualité, em Paris, com a participação, entre outros, de
André Gide, André Malraux, Paul Vaillant-Couturier, Anna
Seghers, Heinrich Mann, Bertolt Brecht.

MICHAEL LÖWY

Durruti, Buenaventura (1896-1936): figura legendária do anarquismo espanhol. Militante da CNT — Confederação Nacional dos Trabalhadores, anarco-sindicalista — em Barcelona, Durruti participa de um atentado (fracassado) contra o rei Alfonso XIII e de um outro (com êxito) contra o cardeal Soldevilla. Funda em 1922 o grupo Los Solidarios, primeiro embrião da Federação Anarquista Ibérica (FAI). Vive no exílio de 1924 a 1931. Quando da Revolução de 1936, Durruti dirige a frente da região de Aragon, no comando das milícias anarquistas. Chamado a Madri pelo Comitê Central das Milícias para lutar contra a ofensiva franquista que visava a tomar a capital, morre na frente de batalha.

FIARI: iniciais da Federação Internacional por uma Arte Revolucionária Independente, fundada em 1938, com base no documento "Por uma arte revolucionária independente", redigido naquele mesmo ano por André Breton e Leon Trotski, quando de seu encontro no México. Publicará dois números de uma revista intitulada *Clé*, em 1939, com a colaboração de André Breton, Benjamin Péret, Maurice Heine, Georges Heinen, Henri Pastoureau, Pierre Mabille, Diego Rivera, Ignazio Silone etc.

Frühromantik: termo que designa, na história da literatura, o primeiro romantismo alemão, que reúne, em torno à revista *Athenäum* (1798-1800), um grupo de jovens escritores e poetas, entre os quais Novalis (Friedrich von Hardenberg), os irmãos Friedrich e Wilhelm Schlegel, Ludwig Tieck, Caroline von Günderrode. A sensibilidade romântica e a nostalgia do passado não impedem, no decorrer desse primeiro período (1798-1804), uma certa simpatia pela Revolução Francesa e pelas idéias republicanas.

Gemeinschaft: em alemão, "comunidade". No livro do fundador da sociologia alemã, Ferdinand Tönnies, *Comunidade e sociedade* (1887), este conceito designa o universo social tradicional, pré-capitalista, da família, do negócio artesanal ou da aldeia camponesa, regulado pelos costumes, usos e ritos e caracterizado pelo auxílio e a confiança mútuos e por uma cultura partilhada.

La Guerre Civile: revista comum à equipe do jornal *Clarté* (Marcel Fourrier, Jean Bernier, Victor Serge, Victor Castre) e aos surrealistas (Louis Aragon, André Breton, Paul Éluard, Benjamin Péret), que deveria ser publicada em 1926. O desejo de autonomia dos surrealistas levará finalmente o projeto ao fracasso, conforme constata *Clarté* em seu número de 15 de junho de 1926. Mas a colaboração entre a publicação comunista e *La Revolution Surréaliste* continuará durante os anos seguintes.

Gesellschaft: em alemão, "sociedade". Na sociologia de Ferdinand Tönnies, autor de *Comunidade e sociedade* (1887), o termo designa a sociedade industrial moderna, fundada na civilização técnica, no contrato e na mercadoria, o universo das fábricas e das grandes cidades, caracterizado pela guerra de todos contra todos, pelo cálculo, pela especulação e pelo lucro.

Guénon, René (1886-1951): filósofo francês, fundador da revista *La Gnose* (1909), grande especialista em escritos místicos de diversas religiões (hindu, taoísta, muçulmana). Tinha por objetivo encontrar, além da doutrina visível (exotérica) das religiões constituídas, uma fonte comum, uma tradição única, original, o conhecimento exotérico. Autor de *A metafísica oriental* (1939) e de *Observações sobre a iniciação* (1946).

Juggernauth: do hindi *Dschagannat*, uma das figuras do deus Vishnu. Quando das grandes celebrações, aconteciam sacrifícios humanos, sendo as vítimas jogadas sob as enormes e pesadas rodas do carro que trazia o ídolo de Vishnu-Juggernauth. Em Marx, alegoria do capital.

Les Lèvres Nues: revista surrealista belga (1954-1960), fundada por Marcel Mariën (1920-1993), escritor, poeta, criador de colagens e cineasta, da qual fazem parte Paul Nougé, fundador do surrealismo belga, Louis Scutenaire, o pintor René Magritte, assim como Guy Debord.

Letrismo: movimento de inspiração dadaísta criado em 1946 pelo escritor romeno (vivendo em Paris) Isidore Isou, visando à autodestruição das formas artísticas — por exemplo, reduzindo a poesia a seu elemento último, a letra. Guy Debord adere em 1952 ao letrismo, que vai inspirar seu filme *Urros a favor de Sade*, e funda no mesmo ano a Internacional Letrista com alguns amigos, entre os quais Gil Wolman. De 1954 a 1957, a IL publicaria a revista *Potlatch*, antes de dissolver-se em favor da fundação da Internacional Situacionista (1957).

Mammon: do aramaico *Mamna*, "riqueza", deus sírio que presidia a acumulação de riquezas. No Novo Testamento, ídolo que simboliza as riquezas injustamente adquiridas.

Moloch: do hebreu *há-Moléch*, talvez originalmente *ha-Mélech*, "o rei". Ídolo adorado pelos povos cananeus, que exigia terríveis sacrifícios humanos, notadamente de crianças queimadas vivas. Denunciado pelos profetas do Antigo Testamento. Em Marx, alegoria do capital.

Morris, William (1834-1896): escritor, poeta e artista inglês, socialista de tendência marxista-libertária. Apaixonado por arte medieval e inimigo encarniçado da torpeza vitoriana e industrial, fundou com seus amigos um ateliê de decoração artesanal, Morris & Co. Foi um dos animadores da confraria de artistas pré-rafaelitas, com Edward Burne Jones, Dante Gabriel Rossetti e outros. Fundador da Liga Socialista em 1885, Morris é autor de várias obras de inspiração romântica, fantástica ou arcaica, e de um romance utópico, *Notícias de lugar nenhum* (1891).

Oposição de esquerda: corrente de oposição interna no movimento comunista, fundada por Leon Trotski, primeiro na URSS (a partir de 1926) e, depois de sua expulsão da União Soviética (1929), em escala internacional. Visando inicialmente à retificação revolucionária da Internacional Comunista, acabará por romper com esta última para dar origem, em 1938, à Quarta Internacional.

POI: Partido Operário Internacional, organização criada em 1935 pela fusão dos principais grupos trotskistas da França, sob a direção de Pierre Naville, Pierre Frank, Yvan Craipeau e Jean Rous (entre outros). Depois de múltiplas transformações e cisões, o POI torna-se um dos componentes de uma nova fusão que dará origem ao Partido Comunista Internacionalista, seção francesa da Quarta Internacional.

Roman noir inglês: conjunto de obras romanescas inglesas do século XVIII — chamadas *gothic novels* em inglês — que se caracterizam por uma atmosfera fantástica e inquietante, das quais as mais conhecidos são: *O Castelo de Otrante* (1764), de Horace Walpole, *Os mistérios de Udolphe* (1794), de Ann Radcliffe, *O monge* (1795), de Gregory Matthew Lewis, e *Melmoth* (1820), de Charles Robert Maturin. Estas obras exerceram verdadeira fascinação sobre os surrealistas.

Schelling, Friedrich Wilhelm Joseph von (1775-1854): um dos principais filósofos da escola romântica alemã do começo do século XIX. Simpatizante da Revolução Francesa na juventude, torna-se em seguida bastante conservador. Inspirador da filosofia romântica da natureza, que proclama a identidade absoluta entre o espírito e a natureza e a superioridade da intuição sobre a racionalidade pura.

Scholem, Gershom (1897-1982): historiador da mística judaica e da Cabala, amigo próximo de Walter Benjamin. Nascido na Alemanha, Scholem emigra em 1923 para a Palestina, fazendo-se professor na Universidade Hebraica de Jerusalém. Espírito não-conformista, interessa-se pelas correntes messiânicas heréticas e pelas manifestações de "anarquismo religioso". Entre seus principais livros podem-se mencionar *As grandes correntes da mística judaica* (1941), *Sabbatai Zevi, o messias místico* (1975), assim como o testemunho *Walter Benjamin, história de uma amizade* (1975).

Serge, Victor Kilbatchiche dito (1890-1947): escritor francês de origem russa. De início anarquista — milita na CNT em Barcelona —, adere ao bolchevismo depois da Revolução de Outubro. Estabelecido em Moscou, amigo de Lenin e de Trotski, junta-se, no decorrer dos anos 20, à Oposição de Esquerda contra Stalin. Preso em 1933 como trotskista, exilado na Sibéria, só foi libertado em 1936 graças a uma campanha internacional. De volta à França, separa-se de Trotski em 1937, por divergências sobre a Espanha. Emigra em 1940 para o México, onde morre depois da guerra. É autor de uma autobiografia, *Memórias de um revolucionário* (1951), e de vários romances políticos, entre os quais *Cidade conquistada* (1932) e *É meia-noite no século* (1939).

Weber, Max (1864-1920): sociólogo e mandarim universitário alemão, de orientação nacional-liberal, mas capaz de análises lúcidas da civilização industrial/capitalista. Autor de *A ética protestante e o espírito do capitalismo* (1920) e *Economia e Sociedade* (1922). A racionalidade burocrática e o desencantamento do mundo como destino da civilização ocidental é a principal teoria de sua obra. Influenciou fortemente Georg Lukács e a Escola de Frankfurt.

Notas

Romper a gaiola de aço
1. Sobre o encontro de Trotski e Breton e a formação da *Fiari*, pode-se ler o livro de Arturo Schwarz, *Breton/Trotski*, Paris, UGE, 10/18, 1977, assim como os trabalhos precisos e rigorosos de Gérard Roche publicados nos *Cahiers Léon Trotski* (n° 25, 1986) e em *Docusur* (n° 2, 1987). Sobre as relações entre o surrealismo e o trotskismo, ver o notável ensaio de Michel Lequenne, "Surréalisme e communisme", que saiu na revista *Critique Communiste* (n° 8, 1982 e n° 15, 1983) e reeditado em *Marxisme et esthétique*, Paris, La Brèche, 1985. Enfim, sobre as afinidades entre surrealismo e anarquismo, consultar as duas ricas coletâneas publicadas pelo Ateliê de Criação Libertária de Lyon, *Surréalisme et anarchisme* (organizado por André Bernard) (1992) e *Le pied de grue* (1994).
2. Sobre as relações (conflituosas) de Péret com a corrente libertária, ver a obra de Guy Prévan, *Péret Benjamin, révolutionnaire permanent*, Paris, Syllepse, col. "Les archipels du surréalisme", 1999.

A estrela da manhã: o mito novo do romantismo ao surrealismo
1. Entre os "espíritos difíceis" que partilham seu interesse pelo mito, Breton cita Bataille, Caillois, Duthuit, Masson, Mabille, Léonora Carrington, Max Ernst, Étiemble, Péret, Calas, Seligmann, Hénein (*Prolégomènes à un troisième manifeste du surréalisme ou non*, 1942).

2. André Breton parece perceber uma dimensão mítica sobretudo entre os pintores ditos "primitivos": "Na mitologia moderna, cujo sentido geral nos fica sob muitos aspectos obscuro, o farmacêutico Csontvary senta-se entre o fiscal Rousseau e o comissário Cheval, a uma boa distância dos 'profissionais'" (Breton 1965, p. 238).

Walter Benjamin e o surrealismo: história de um encantamento revolucionário

1. Benjamin publicará em 1929, na revista *Literarische Welt*, a tradução de algumas passagens do livro de Aragon.
2. Um representante típico do "marxismo gótico" é, sem dúvida, Ernst Bloch, que não esconde, especialmente em suas primeiras obras (*O espírito da utopia*, 1918-1923), sua admiração pelos feerismos medievais e pelas catedrais góticas.
3. A tradução francesa da última passagem é muito imprecisa.
4. Inútil precisar que esta genealogia não corresponde exatamente àquela de que se dotou o próprio surrealismo, que jamais reconheceu Dostoievski como um de seus precursores.
5. O termo "pequeno-burguês" da tradução francesa não dá conta da carga cultural da palavra *Spiesser*, que designa o indivíduo grosseiro, limitado e prosaico da sociedade burguesa.
6. Benjamin fala também de "ligar a revolta à revolução".
7. Ver a este respeito as observações de Margaret Cohen (1993, pp. 187-189).
8. Benjamin atribui — erradamente, parece-me — esse tipo de experiência mágica a "toda a literatura de vanguarda", inclusive o futurismo. E reclama — ainda uma vez erradamente, a meu ver — de uma concepção insuficientemente profana da iluminação nos surrealistas, ilustrada pelo episódio de Madame Sacco, a vidente evocada por Breton em *Nadja*. Irritado com aquela "úmida alcova do espiritismo", Benjamin exclama: "Quem não desejaria ver estes filhos adotivos da Revolução romperem da

maneira mais decisiva com tudo aquilo que se pratica nos conventículos das senhoras de obras sobre o retorno, dos oficiais superiores aposentados, dos mercadores emigrados?" (Benjamin 1971, p. 300). Na realidade, a imagem da "vidente", como todas as outras figuras de *Nadja*, é perfeitamente profana e não tem para Breton nenhuma significação "espiritista".

9. Uma excelente definição da iluminação profana — ilustrada pelo olhar surrealista de Paris — encontra-se no livro de Richard Wolin sobre a estética de Benjamin: "Como a iluminação religiosa, a iluminação profana captura os poderes da embriaguez espiritual a fim de produzir uma 'revelação', uma visão ou intuição, que transcende o estado prosaico da realidade empírica; mas ela produz esta visão... sem recurso a dogmas sobre o além. Benjamin tem claramente em vista o efeito de embriaguez, de transe, induzido pelos 'romances' surrealistas... nos quais as ruas de Paris... se transformam em um país de maravilhas fantasmagóricas... onde a monotonia das convenções é dilacerada pelos poderes do *acaso objetivo*. Depois de ter atravessado essas paisagens encantadas, poderia a vida algum dia ser experimentada de novo com a complacência e a indolência habituais?" (Wolin 1982, p. 132).

10. Ver a esse respeito a observação pertinente de Rainer Rochlitz: para Benjamin, "o surrealismo mostrara de que modo a imagem poderia preencher uma função revolucionária: apresentando o envelhecimento acelerado das formas modernas como uma produção incessante do arcaico que apela ao verdadeiro sentido da contemporaneidade. Através das ruínas de modernização, ele fez surgir a urgência de um retorno revolucionário" (Rochlitz 1992, p. 156).

11. A tradução francesa é mais uma vez inexata; ver "Der Surrealismus", Benjamin 1977, p. 300.

12. Parece-me que Rochlitz se engana ao interpretar esta passagem como uma espécie de dispensa acenada por Benjamin ao

surrealismo: "Se a leitura e o pensamento são eles também formas de iluminação e embriaguez... o irracionalismo surrealista não se justifica mais. Benjamin deseja transportar a experiência surrealista a um terreno que lhe é estranho: o da ação eficaz. A justo título, sem dúvida, Georges Bataille recusou tal fusão; a experiência artística não pode ser *instrumentalizada* pela ação política" (Rochlitz 1992, p. 154). O conceito de "irracionalismo", como vimos antes, está ausente do ensaio de Benjamin, que, aliás, não quer absolutamente renunciar às "experiências mágicas" do surrealismo. Por outro lado, a proposta de Benjamin — dar à revolução as forças da embriaguez — é bem diversa de uma simples "instrumentalização" da arte pela política.

13. A frase com a questão desapareceu da tradução francesa. Ver Benjamin 1977, p. 308: "*Wo liegen die Voraussetzungen der revolution? In der Änderung der Gesinnung oder der äusseren Verhältnisse?*"

14. Jacques Leenhardt tem algumas observações muito interessantes sobre a relação entre sonho e vigília em Benjamin, mas parece-me que se engana ao ver na figura do despertador do ensaio sobre o surrealismo "a imagem de uma certa concepção do pensamento racionalista" (Leenhardt 1986, p. 165). A Benjamin não lhe veio ao espírito definir o surrealismo como uma forma de pensar "racionalista" — conceito tão ausente do artigo quanto seu inverso, o "irracionalismo". O que caracteriza a abordagem dos surrealistas, e de Benjamin neste ensaio, é precisamente que ela é irredutível à dicotomia "clássica" e estática entre "racionalidade" e "irracionalidade".

Pessimismo revolucionário: Pierre Naville e o surrealismo

1. Naville parece considerar a tecnologia moderna como um utensílio neutro: uma metralhadora nas mãos das potências ocidentais é um instrumento de dominação, mas nas mãos dos

revolucionários chineses ela se torna um meio de liberação. Basta substituir "metralhadora" por gás químico ou arma atômica para que a natureza problemática desse postulado fique evidente.

2. Um resumo dos dois documentos por André Gaillard foi publicado em *Les Cahiers du Sud* (n° 85, dezembro de 1926, pp. 372-375): simpático às idéias de Breton, ele criticava Naville por tentar separar pensamento e ação, e denunciava o começo de um processo de burocratização da URSS.

3. Ver a apresentação, muito esclarecedora, desses debates por Maurice Nadeau em sua *Histoire du Surréalisme*, vol. 1, pp. 133-187.

4. Segundo Naville — a única fonte a respeito desse conflito —, Breton via Brest-Litovski como a expressão de um desejo universal de paz e de desarmamento total, enquanto o artigo de Serge — do qual Naville assumira a defesa — o interpretava como uma iniciativa tática dos bolcheviques para ganhar tempo.

5. No *Segundo Manifesto*, ele pretende que o surrealismo não tem razão de tomar partido por uma ou outra "das duas correntes bastante gerais que (...) por não terem a mesma concepção tática, não deixam com isso de se revelarem, de parte e de outra, francamente revolucionárias" (André Breton, *Manifestes...*, p. 160).

6. Mariátegui utilizava o termo "super-realismo" e o nome de Naville é ortografado "Maville", mas seus três artigos sobre o surrealismo testemunham uma compreensão notável dos debates políticos no grupo.

7. Ver a carta de Péret à Liga Comunista brasileira em 19 de março de 1932 (Péret 1985, pp. 37-39).

8. É verdade que já em 1934, no panfleto coletivo "Planeta sem visto", Breton e seus amigos protestavam contra a expulsão de Trotski do território francês — afirmando ao mesmo tempo que estavam "longe de partilhar suas atuais concepções" (Schwarz 1977, pp. 105-106).

9. O livro contém também um curto capítulo em que Naville acerta algumas velhas — 37 anos! — contas com Breton e responde aos injustos ataques do *Segundo Manifesto* com críticas igualmente injustificadas contra seu autor... (Naville 1977, p. 396).

10. Esta carta foi publicada como introdução à edição francesa do documento de Chicago em um livrete editado em comum pelos surrealistas e pelos libertários: Grupo Surrealista de Chicago, *Trois jours qui ébranlèrent le nouvel ordre mondial. La révolte de Los Angeles, avril-mai 1992*, Lyon, *Atelier de création libertaire*, 1995, com uma nota sobre o surrealismo nos Estados Unidos de Guy Girard, do grupo de Paris do movimento surrealista.

O *romantismo* noir *de Guy Debord*

1. Trata-se de um dos melhores livros até hoje sobre o nosso autor.

2. Para uma discussão mais detalhada da natureza paradoxal do romantismo, ver *Révolte e mélancolie. Le romantisme à contre-courant de la modernité* (M. Löwy e R. Sayre).

3. Acontece-lhe também, no mesmo contexto, idealizar "aqueles que foram outrora magistrados, médicos, historiadores..." Para uma crítica legítima dessa "complacência romântica" em relação à justiça e à medicina de antes do espetáculo, cf. Gonzales 1998, p. 49.

O *surrealismo depois de 1969*

1. Sinônimos do intempestivo, sempre segundo Monsieur Robert...

Bibliografia citada

Adorno (Theodor W.) e Scholem (Gershom), prefácio de Walter Benjamin, *Correspondance*, 1.

Alquié (Ferdinand), *Philosophie du surréalisme* [1956], Paris, Champs-Flammarion, 1977.

Aragon (Louis), *Vagues de rêves* [1924], Paris, Seghers, 1990.

Atelier de création libertaire de Lyon, *Surréalisme et Anarchisme*, 1992, 1994.

Beaujour (Michel), "André Breton Mytographe. Arcane 17", em Eigeldinger (Marc) (org.), *André Breton*, Neuchâtel, La Baconière, 1970.

Benjamin (Walter), "Le surréalisme, dernier instantané de l'intelligence européenne", em *Mythe et Violence*, Paris, Maurice Nadeau, 1971.

Benjamin (Walter), *Correspondance*, Paris, Aubier-Montaigne, 1979, tradução de Guy Petitdemange, 2 volumes.

Benjamin (Walter), "Der Surrealismus. Die letzte Momentahfnahme der europäischen Intelligenz", em *Gesammelte Schriften (G.S.)*, Frankfurt, Suhrkamp Verlag, 1977, vol. 2, 1.

Benjamin (Walter), *Sens unique*, Paris, Maurice Nadeau, 1991.

Benjamin (Walter), *Journal de Moscou*, Paris, L'Arche, 1983.

Benjamin (Walter) "Hachisch à Marseille", 1928, em *Mythe et violence*, Paris, Denoël, 1971.

Benjamin (Walter), *Passagenwerck*, Frankfurt, Suhrkamp Verlag, 1980, vol. 1.

Benjamin (Walter), *Paris, capitale do 19e siècle. Le livre des passages*, Paris, Cerf, 1989, trad. Jean Lacoste.

Bensaïd (Daniel), *Le Pari mélancolique*, Paris, Fayard, 1997.

Bloch (Ernst), *L'Esprit de l'Utopie* (1918-1923), Paris, Gallimard, 1977.

Bloch (Ernst), *Héritage de ce temps*, trad. Jean Lacoste, Paris, Payot, 1978.

Bonnet (Marguerite), *Archives du surréalisme*, notas e introdução, "Adhérer ao Parti Communiste?", setembro-dezembro de 1926, Paris, Gallimard, 1992.

Bounoure (Vincent), "L'ordalie" [1977], em *Moments du surréalisme*, Paris, L'Harmattan, 1999.

Bounoure (Vincent), *Talismans*, Éditions Surréalistes, 1967.

Bounoure (Vincent), "Pour communication. Réponses à l'enquête 'Rien ou quoi?', 1970.

Breton (André), "Autodidactes dits 'naifs'", [1942], *Le Surréalisme et la peinture*, Paris, Gallimard, 1965.

Breton (André) "Limites non frontières du surréalisme", 1937, em *La Clé des Champs*, Paris, 10/18, 1973.

Breton (André), "Introduction au discours sur le peu de réalité", 1924, em *Point du Jour*, Paris, Gallimard, 1970.

Breton (André), "Légitime défense" [1926], em Maurice Nadeau, *Histoire du Surréalisme 2. Documents Surréalistes*, Paris, Seuil, 1948.

Breton (André), *Manifestes du surréalisme*, Paris, Gallimard, 1994.

Breton (André), "Limites non frontières du surréalisme", em *La Clé des Champs*.

Breton (André), *Arcane 17*, 1944, Paris, 10/18, 1965.

Breton (André), "Situation du surréalisme entre les deux guerres", [1942], em *La Clé des Champs*.

Breton (André), *Position politique du surréalisme*, Paris, Denoël, 1972.

Breton (André), "La claire tour", em *La Clé des Champs*, Paris, 10/18, 1973.

Breton (André), *Nadja*, Paris, Gallimard, 1964.

Breton (André), *Entretiens* (1952), Paris, Gallimard, 1969.

Cohen (Margaret), *Profane Illumination. Walter Benjamin and the Paris of Surrealist Revolution*, Berkeley, University of California Press, 1993.

Debord (Guy), "Théorie de la dérive", em *Les Lèvres Nues* nº 9, 1956.

Debord (Guy), *La Société du spectacle*, [1967], Paris, Gallimard, 1992.

Debord (Guy), "Le bruit de la fureur", Internacional Letrista, *Potlatch* nº 6, em Guy Debord apresenta *Potlatch (1954-1957)*, Paris, Gallimard/Folio, 1996.

Debord (Guy), *Commentaires sur la société du spectacle*, Paris, Gérard Lebovici, 1988.

Debord (Guy), "In Girum Imus Nocte et Consumimur Igni". *Oeuvres cinématographiques complètes*, Paris, Champ Libre, 1978.

Debord (Guy), prefácio à quarta edição italiana de *La Société du spectacle*, Paris, Champ Libre, 1979.

Debord (Guy), *Considérations sur l'assassinat de Gérard Lebovici*, Paris, Gérard Lebovici. Cf. também *Cette mauvaise réputation*, Paris, Gallimard, 1993.

Franck (Manfred), *Der Kommende Gott. Vorlesungen zur Neuen Mythologie*, Frankfurt, Suhrkamp Verlag, 1982.

Jappe (Anselm*), Guy Debord*, Marseille, Via Valeriano, 1995.

Gonzalvez (Shigenobu), *Guy Debord ou la beauté du négatif*, Paris, Mille et Une Nuits, 1998.

Guilbert (Cécile), *Pour Guy Debord*, Paris, Gallimard, 1996.

Izard (Michel), "Walter Benjamin et le surréalisme", em *Docsur*, nº 12, junho de 1990.

Leenhardt (Jacques), "Le passage comme forme d'espérience: Benjamin face à Aragon", em Wisman (H) (org.), *Walter Benjamin et Paris*, Paris, Cerf, 1986.

Löwy (Michael) e Sayre (Robert), *Révolte et mélancolie. Le romantisme à contre-courant de la modernité*, Paris, Payot, 1992.

Lukács, *Histoire et conscience de classe*, Paris, Minuit, 1960.

Mariátegui (José Carlos), *Sept essais sur la realité péruvienne,* [1928], Paris, François Maspero, 1968.

Mariátegui (José Carlos), "El grupo surrealista y *Clarté*", julho de 1926, em *El artista y su epoca*, Lima (Peru), Biblioteca Amauta, 1973a.

Mariátegui (José Carlos), "El balance del superrealismo", fevereiro de 1930, em *El artista y su epoca*, Lima (Peru), Biblioteca Amauta, 1973b.

Mariátegui (José Carlos), "El superrealismo y el amor", março de 1930, em *El Artista y su epoca*, Lima (Peru), Biblioteca Amauta, 1973c.

Nadeau (Maurice), *Histoire du surréalisme: documents surréalistes*, Paris, Seuil, 1998, vol. 2.

Naville (Pierre), *La Révolution et les intellectuels,* [1928], Paris, Gallimard, col. Idées, 1975.

Naville (Pierre), *Le Temps du surréel. L'espérance mathématique*, t. 1, Paris, Galilée, 1977.

Naville (Pierre), *Trotski vivant*, Paris, Maurice Nadeau, 1979.

Péret (Benjamin), *Oeuvres complètes*, Paris, José Corti, 1989, t. 5.

Péret (Benjamin), *La Commune de Palmares*, Paris, Syllepse, col. "Les archipels du surréalisme", pref. de Robert Ponge, 1999.

Potlatch, "Une idée neuve en Europe", n° 7, agosto de 1954.

Roche (Gérard), "La rencontre de l'aigle et du lion. Trotski, Breton e le manifeste de Mexico", *Cahiers Léon Trotski*, n° 25, março de 1986.

Rochlitz (Rainer), *Le Désenchantement de l'art*, Paris, Gallimard, 1992.

Schlegel (Friedrich), "Rede über die Mythologie", 1800, em *Romantik*, 1, Stuttgart, Reclam, 1984.

Schwarz (Arturo), *Breton/Trotski*, Paris, 10/18, 1977.

Scholem (Gershom), *Walter Benjamin. Histoire d'une amitié*. Paris, Calmann-Lévy, 1981.

Serge (Victor), *Mémoires d'un révolutionnaire*, Paris, Seuil, 1978.

SURR, n° 1, verão de 1996, panfleto coletivo do grupo de Paris do Movimento Surrealista: "Le surréalisme et le devenir révolutionnaire".

Thirion (André), *Révolutionnaires sans révolution*, Paris, Robert Laffont, 1972.

Trotski (Léon), *Writings 1934-1935*, Nova York, Pathfinder, 1971.

Trotski (Léon), *Writings 1919*, Nova York, Pathfinder, 1975.

Trotski (Léon), Naville (Pierre), Naville (Denise), van Heijenoort (Jan), *Correspondance 1929-1939*, Paris, L'Harmattan, 1989.

Wolin (Richard), *Walter Benjamin. An Aesthetic of Redemption*, Nova York, Columbia University Press, 1982.

Anexo

Notas acerca do movimento surrealista no Brasil (da década de 1920 aos dias de hoje)

Sergio Lima

Enquanto componente revolucionário e formador do espírito libertário, as ações do surrealismo também se fizeram presentes no Brasil. Aqui, sobretudo no eixo Rio de Janeiro–São Paulo, suas movimentações agrupam-se prioritariamente em três momentos ou períodos. E períodos distintos, seja por implicações sociopolíticas, econômicas e culturais, seja pela presença de personalidades decisivas para sua afirmação. O primeiro período começa com a visita de Péret (1929-31) e vai até o começo dos anos 60: existe uma influência difusa do surrealismo, mas não há um grupo surrealista no Brasil. O segundo período se define em torno de Maria Martins e do grupo surrealista de São Paulo/ Rio de Janeiro (1964-1969). O terceiro, por fim, está centrado no segundo grupo surrealista no Brasil (1991-1999).

PRIMEIRO PERÍODO

Benjamin Péret mora no Brasil de fevereiro 1929 a dezembro de 1931, tem contatos com a *Revista de Antropofagia* e desenvolve pesquisas sobre nossas artes e raízes afro-índias. Mais adiante retornaremos à sua atividade no Brasil nesses anos. Mas, mesmo antes dessa visita, artistas e escritores como Ismael Nery, Aníbal M. Machado, Murilo Mendes e Mário Pedrosa se interessam pelo surrealismo, como o fizeram, na década de 1930, Cícero Dias, Fernando Mendes de Almeida e Jorge de Lima. A controversa "conversão" religiosa desses dois poetas — Murilo e Jorge de Lima — a partir de 1934, não exclui tudo o que escreveram e produziram nos anos anteriores. A década de 1930, marcada tanto pela hegemonia ditatorial do realismo-socialista quanto pelo populismo de Getúlio Vargas, culminaria com as contribuições de Flávio de Carvalho, e ainda com a publicação da entrevista que Flávio fizera com André Breton em 1934, na revista da comunidade negra de São Paulo: *Cultura*. Dir-se-ia que esta entrevista, por se ocupar de uma das questões da raiz afro e suas implicações, prenuncia curiosamente o diálogo que ocorreria no início dos anos 40 entre Breton e Aimé Cesaire.

Além de Elsie Houston-Péret e Pagu, começaram a ter destaque autores como Fernando Mendes de Almeida, A. J. Ferreira Prestes, Ascânio Lopes, Rosário Fusco, Lívio Xavier, Osório César, Jamil Almansur Haddad e Raguna Cabral. Acrescentem-se o pintor Wagner Castro, a dançarina e coreógrafa Eros Volusia, bem como os casos extraordinários de Albino Braz e Febrônio Índio do Brazil. Deve-se incluir igualmente Raul Bopp e Tarsila do Amaral ao lado da radicalização expressa da *Revista de Antropofagia*. Afinal a turma da "segunda dentição" antropofágica acolheu Péret e representou a única vertente que se opôs aos nacionalismos despregados pelas movimentações vanguardistas do momento no modernismo brasileiro.

Nos primeiros anos depois da Segunda Guerra, temos não só um vulto do porte de Maria Martins como as presenças marcantes de visitantes como Antônio Pedro, Vieira da Silva e Arpad Szenes, o casal fixando-se no Rio de Janeiro. Pagu e Mário Pedrosa publicam em 1946, no jornal *Vanguarda Socialista*, a tradução integral do "Manifesto por uma arte revolucionária independente," de Breton/Trotski.

Paulo Emílio Salles Gomes, que havia estabelecido vínculos com o movimento surrealista — particularmente com Benjamin Péret, a quem estava ligado por laços de parentesco —, organiza em 1954 o I Festival de Cinema de São Paulo e um ciclo de história do cinema, com apresentação, entre outros dos primeiros filmes do Movimento Surrealista: os dois primeiros de Buñuel e Salvador Dalí: *Un Chien andalou* e *L'Âge d'or;* os curtas de Man Ray, *Emak Bakia*, *L'Étoile de mer*; a primeira adaptação de Antonin Artaud: *La Coquille et le clergyman*, dirigido por Madame Dulac; e ainda o "escandaloso" *Entr'Ácte* de Picabia e René Clair. Do lado brasileiro deu-se especial atenção aos filmes *Limite*, de Mário Peixoto; *Canga bruta,* de Humberto Mauro; *En rade*, *Rien que les heures* e *O canto do mar,* de Alberto Cavalcanti.

Permitam-me um teor memorialista nestas rápidas reconstituições de época que se seguem.

Deixei os estudos em meados de 1957, para ir trabalhar na Cinemateca Brasileira. Essa minha ida para a Cinemateca Brasileira possibilitava uma aproximação maior de Paulo Emílio, importante para mim não só pelo seu envolvimento com o cinema mas, também, pelas suas já citadas ligações com os surrealistas.

Paulo Emílio fora um dos colaboradores, no início dos anos 50, ainda em Paris, da revista *L'Âge du Cinéma* — animada pelo grupo surrealista parisiense (onde publicara uma entrevista com Plínio Sussekind sobre *Limite*, a "obra-prima desconhecida" de Mário Peixoto) —, e vinha de receber premiação editorial na capital francesa pelo seu ensaio sobre o cineasta Jean Vigo e sua formação *anarchiste* (livro em que Péret ajudara na revisão final). O surrealismo, que já me interessava diretamente, fazia-se presente mais uma vez de forma incontestável.

Tínhamos há pouco visto a III Bienal (1955), com prêmios para Alfred Kubin e Maria Martins, entre outros nomes consagrados, trazendo à baila, portanto, a questão do surrealismo. Além do vínculo com as artes plásticas — visível nos inícios de Bernardo Cid e Odriozola ou nas obras de Teresa D'Amico, que retoma a *collage* —, a questão do movimento e da práxis surrealista era reativada e resgatada, nesse período, em outras áreas expressivas com significativos textos. Por exemplo, os escritos de Aníbal M. Machado (inclusive sua declaração pública de adesão ao movimento do surrealismo), ou de Murilo Mendes e Campos de Carvalho, ou ainda *O hospício é Deus*, de Maura Lopes Cançado, e por uma singular retomada por parte de Clarice Lispector, de volta ao Rio de Janeiro e às suas tardes de crime, da mulher "no escuro". Afinal não nos esqueçamos de que, em ambas as autoras, segundo formas próprias a cada uma, trata-se mais da conquista de uma linguagem e sua ventura, sua experiência nas bordas de um limite possível, do que propriamente o exercício de uma produção literária convencional. No caso de Clarice, tal ventura chega às raias de uma falta, de um aquém do expressivo diante do transbordo imenso da volúpia que a toma, desse transe que a co-move.

Coincidentemente, Benjamin Péret voltava a ter atuação importante no Brasil, como ocorrera na sua anterior estada no país. Durante este período (1955-1956) ele faz incursões ao Norte e Nordeste, além de ir até os índios do Araguaia; é também neste momento que Péret conclui seu ensaio antológico sobre as narrativas primitivas: *Anthologie des mythes, légendes et contes populaires de l'Amérique* (edição cuja "Introduction" está datada de "S.Paulo, 1955") — só publicado postumamente, pela editora Albin Michel, Paris, em 1960.

Datam igualmente de 1955-1956 minhas primeiras experiências com escritura automática, os cadernos de "desenhos automáticos" e "desenhos de sonhos". Também dessa época é a minha primeira série de *collages*, que se configuraria num romance-*collage* (*As aventuras do Máscara Negra*, 1957), logo seguido das narrativas e poemas em prosa de *Amore* (1959-1960), meu primeiro livro, publicado anos depois.

Da mesma forma começo a me interessar, mais de perto, por outros autores próximos à questão da expressão que tende ao surrealismo, seja a do inconsciente e do automatismo, ou ainda a da transgressão e do erotismo em nossas letras — tais como Raul Pompéia, Rocha Pombo, Augusto dos Anjos, Pedro Kilkerry, César de Castro, Ernani Rosas e Gilka Machado —, logo assimilados e como que subjacentes à minha escrita. Uma das minhas surpresas, aliás, foi o conhecimento da figura e das atuações da "cooperativa de iniciados", levadas avante por Dario Velloso, nos arredores de Curitiba, desde o início do século. Totalmente desconhecido e ausente dos manuais literários e antologias oficiais, este poeta era diretamente vinculado ao ocultismo — diplomado no Colégio de Ciências Esotéricas de Papus, Paris. A aproximação e o contato mais direto com o simbolismo tiveram fortes ressonâncias em minha obra, com incidências que se expressam enquanto fluxo subterrâneo, subjacente ao texto, quando não na própria configuração do imaginário e de determinadas imagens. Apresenta-se nitidamente nas entrelinhas da narrativa e/ou poemas em prosa *Amore*.

Tivemos, desse modo, um verdadeiro cadinho formador de tendências e novos horizontes que para mim foram decisivos. Toda a minha poesia, a partir das escrituras automáticas de 1957-58, assim como minha pintura e *collages* dessa data em diante, além de uns primeiros textos críticos, roteiros e narrativas, assumem de modo expresso o sentido surrealista, isto é, passam a ser, sobretudo, questionamentos nessas e através dessas expressões. A maior parte de tal produção acompanhar-me-á na viagem a Paris, e será à vista delas que André Breton me convidará para participar do grupo parisiense do movimento surrealista. Também levei os originais de *Amore*, apesar do problema da língua, pois nenhum dos membros atuantes naquele momento conhecia o português, afora a chilena Elisa Breton e o cineasta argelino Robert Benayoun, que tinham alguma noção (Benayoun teve certo trânsito em Portugal). Houve discussões sobre o livro, que, para mim, explicitaram a pertinência de sua escritura no contexto do movimento surrealista; houve até mesmo certo interesse, depois confirmado quando da sua edição em livro, através de cartas de novos amigos e interlocutores, como as cartas de Pierre Molinier, que lia português, de Arsène Bonafous-Murat, de Bellmer e de Magloire Saint-Aude, que também conhecia bem o português.

Convidado a participar do movimento no período de 1961-1962, minha estréia, digamos assim, ocorre com uma uma exposição *sui generis* no café À La Promenade de Venus (em frente ao Les Halles), onde o grupo se reunia regularmente. Nessa noite, todos os meus desenhos e pinturas (quase toda a minha produção de 1956 a 1961), circularam de mão em mão até bem tarde, com comentários, dúvidas e perguntas que foram me articulando com a turma.

Por estar presente nas reuniões do café À La Promenade de Venus, houve várias trocas e experiências com autores representativos do grupo parisiense, com os quais mantive um contato prolongado, sempre a cada dois dias, durante quase um ano, em função do comitê de redação da revista *La Brèche* (a última dirigida por Breton e na qual colaborei diretamente em dois números). Entre estes autores estavam Robert Benayoun, Toyen, Jean e Claire Markale, Arsène Bonafous-Murat, Alain Joubert, Nicole Espagnole, Mimi Parent e Jean Benoît, José Pierre, Jean Schuster, Joyce Mansour, Gérard Legrand, Radovan Ivisic, Annie LeBrun, Jorge Camacho etc., ademais o próprio André Breton e Elisa, e meus amigos Vincent Bounoure e Micheline. Minha múltipla atuação em seu meio nesse período, e nos anos subseqüentes, consta das revistas e publicações coletivas do grupo desta data em diante, como, por exemplo, o manifesto de apoio a Luis Buñuel e contra a interdição do filme *Viridiana*. A estada em Paris propiciou-me relações diretas também com personalidades atuantes em diversas áreas, como filosofia, sociologia, cinema, psicanálise, história, belas-artes e literatura: Eric Losfeld, Nelly Kaplan, Mandiargues, Julien Gracq, Bataille, Bachelard, Clovis Trouille, Edouard Jaguer e Anne Ethuin; assim como encontros com Buster Keaton, Alain Resnais, Arrabal, Octavio Paz, Gironella, J.-J. Brunius, e ainda Eugène Canseliet, discípulo e biógrafo do mestre ocultista Fulcanelli; além de figuras ativas e participantes do movimento, mas que não freqüentavam assiduamente o grupo, como Meret Oppenheim, Clovis Trouille, Pierre Molinier, Única Zurn e Bellmer. Essas figuras de uma maneira ou de outra interagiam com o movimento surrealista e muitos mantiveram até mesmo uma participação formal ou militância grupal em períodos anteriores. As múltiplas atividades, interesses e vinculações dessas figuras evidenciam a permeabilidade do grupo e do movimento surrealista em geral. Tal característica é um dos componentes do surrealismo mesmo, apesar de colidir frontalmente com uma propalada "ortodoxia do grupo" — o que seria mais próprio de uma escola formal —, mas não é o caso em se tratando do movimento surrealista e seu vetor rebelde, senão anárquico.

A principal contribuição da experiência com os surrealistas foi, para mim, a descoberta da "alteridade", essa experiência do outro e suas instâncias mais fortes senão quase sempre extremas. Experiência profunda do outro que me transformou e me modificou, trouxe-me uma vivência transformada e ampliada de mim mesmo. Não por acaso adquiriu enorme vulto a questão do erotismo, que é inerente à experiência do outro – nenhum outro movimento moderno apresentou um número tão significativo de mulheres em seus campos de atuação, seja na poesia, nas artes, nas pesquisas ou no ensaio. Ressalto ainda a contribuição inegável de certo senso expressivo emergente da diferença, do princípio de consciência e da diferença que o instaura, que o envolve todo pelo viés de transgressão e rupturas. A possibilidade de expressão da diferença vislumbrou para mim todo um campo de investigação e interesse, principalmente através do exercício da poesia.

Também em meados da década de 1950, mais precisamente em 1953, temos um encontro histórico: Murilo Mendes encontra-se em Paris com André Breton, na rue Fontaine. A forte impressão que surge desse *rendez-vous* só será narrada em 1966 (e impressa quase 25 anos depois) por Murilo, ao comentar a figura de Breton e sua raiz libertária – inclua-se menção a uma heráldica cifrada, confirmada por Péret desde 1929, tendo como animal simbólico o tamanduá, ou seja, *le grand tamanoir* (animal que figura o ex-líbris de Breton, desenhado por Salvador Dalí; o mesmo animal que posteriormente será objeto de escultura em madeira, feita pelo próprio Breton).

Na mesma época, Mário Pedrosa participa da enquete da Arte Mágica, organizada por Breton, enquanto Pagu, outra das figuras decisivas dos anos 30, neste final da década de 1950, publica vários textos de importância sobre o surrealismo. Comentando Crevel, Artaud e Octavio Paz, além de encenar peça de teatro da artista Leonora Carrington, Pagu interessa-se pela dramaturgia surrealista de Georges Schéhadé e também pela de Fernando Arrabal, então ligados ao grupo parisiense.

O ano de 1957 marca, para mim, as séries de desenhos – aquela das aguadas eróticas ("Retorno ao selvagem") e aquela dos nanquins, Eros e desenhos automáticos — e as *collages* que começo a praticar, com o "romance visual" *As aventuras do Máscara Negra*. Ao passo que, em 1959, começavam os escritos das narrativas e dos poemas em prosa que resultariam no meu livro de estréia *Amore* (editado em 1963).

Outro acontecimento grávido de ecos, nessa passagem do final dos anos 50 para a década de 1960, foi a reavaliação de Cruz e Sousa. Nesse segundo período, merece destaque a reedição de textos raros do precursor negro, filho de escravos, de uma nova poesia do maravilhoso: o soberbo e excessivo Cruz e Sousa, que, embora seja uma figura decisiva, continuava a ser considerado à parte no cenário das nossas letras. Há também a descoberta inesperada de outro precursor, desta feita um anunciador do *l'humour noir* em nossas letras e de um teatro do sonho e da crueldade: Qorpo-Santo.

SEGUNDO PERÍODO

Voltando de Paris para São Paulo em 1962, passei a me reunir com os poetas ditos "novíssimos" (estreantes que eram editados na série "novíssimos", por Masao Ohno). Logo organizamos, Roberto Piva, Cláudio Willer e eu, uma central ou núcleo de debates sobre o surrealismo, com reuniões regulares (três vezes por semana), no Bar do Léo, do Redondo ou no Ferro's, em frente à sinagoga do Bexiga. Dessa turma inicial, além dos citados, apenas dois mais terão uma continuidade de produção literária: António Fernando De Franceschi e Décio Bar. Raul Fiker chegaria pouco depois, já no final de 1963 para 64, seguido das adesões de Leila Ferraz e Maninha.

Por meio da correspondência regular que mantive com os amigos parisienses, reunidos à roda de Breton, mantínhamos atualização do que se iniciava e começava a ocorrer, com seus altos e baixos presumíveis, aqui em São Paulo e nos outros centros do movimento do surrealismo. Insisto que do meu retorno até fins de 1964 não se constitui um grupo organizado, apesar das atividades coletivas, panfletagens e provocações que incentivamos e promovemos com certos arroubos e até entusiasmos. O grupo só se formalizaria no início de 1965, estendendo-se até 1969. Assim, mesmo sem o grupo estar formalizado, houve, sim, uma série de eventos e provocações que respondem explicitamente por uma visão surrealista do amor e da arte, do mundo e da sociedade. Iniciava-se um rigor e uma radicalização ética pouco usuais em nossos meios expressivos. Ou, como já se disse antes e bem melhor, sopravam os ares de um vento novo, um *frisson nouveau* advindo da vertigem toda outra da imagem moderna, sua provocação quase selvagem, o excesso dos transbordos, a volúpia e o transe à flor da pele.

Em janeiro de 1963, resultante de uma cobrança por parte de Vincent Bounoure e Jean Schuster para fazer face aos insultos contra Benjamin Péret promovidos por Georges Hugnet, numa espécie de "ajuste de contas literário" ocorrido semanas antes em Paris, fico incumbido de fazer levantamento das estadas de Péret no Brasil — não se tinha acesso a quase nada de sua grande produção esparsa, principalmente entre nós —, com vistas a uma biografia crítica que então se pensou em preparar, por iniciativa de Losfeld, Breton, Claude Courtot e demais amigos (*Introduction à la lecture de Benjamin Péret*, ensaio de Courtot que sairia em 1966, em publicação da editora de Losfeld e "dos Amigos de Péret" com toda uma iconografia inédita de Péret no Brasil). Dessa forma, alguns colaboradores solicitados para resgatar a memória de Péret, entre outros Octavio Paz, Toyen e Jean Mayoux, passaram a ser, como eu, os próprios sócios fundadores do que mais tarde seria a Société des Amis de Benjamin Péret, que editaria, até 1997, suas obras completas, em nove tomos. Obra que compreende uma significativa parte produzida no Brasil, nos dois períodos em que aqui residiu, com as pesquisas e estudos sobre a macumba, o quilombo dos Palmares, a poesia das "raízes primitivas" dos nossos indígenas; os mitos e os "contos populares", as crendices da "invenção do mundo"; a magia narrativa dos feitiços e o retorno aos corpos ancestrais das Grandes Figuras, ora tutelares ora devoradoras.

Merece particular destaque a correspondência ativa entre Benjamin e Mário Pedrosa, Elsie Houston e, mais tarde, Geyser Péret, além daquela com Lívio Xavier. Numa das cartas ao Lívio, pergunta por Aníbal (M. Machado) para convidá-lo a colaborar na revista VVV, dirigida em Nova York por Duchamp, Breton e David Hare. O material que consigo resgatar, graças à ajuda do próprio Lívio, de Aristides Lobo (então na *Folha de S. Paulo*) e Manuel Macedo (editor do *Diário da Noite*), de Sônia e do Paulo Emílio, revela-se precioso.

Assim, são publicadas as primeiras fotos de Benjamin Péret em São Paulo, na Praça da República, bem como alguns dos originais que resgatei: sua carteira de adesão ao Partido Trotskista (Liga de Oposição de Esquerda); entrevista para a Agência Brasileira (liderada por Raúl Bopp aqui em São Paulo, e que era o ponto de encontro da antropofagia); artigo sobre a escritura-automática; polêmica com Raul Polillo, e outros documentos mais.

Permanecerá inédito apenas o manuscrito original de narrativa (inacabada) "Diário da mãe de Paul Claudel escrito por ela mesma". São dessa mesma ocasião as primeiras notícias que publico, inicialmente em Paris (1963) e depois em São Paulo (1967), através de depoimentos de Lívio Xavier e Manoel de Macedo, de um livro escrito por Péret e que permanecia totalmente desconhecido dos estudos sobre o período. Péret aventurava-se numa análise comparada inédita entre o episódio da revolta dos marinheiros russos em Odessa (tema do filme de Sergei M. Eisenstein *O encouraçado Potemkin*) e aquela dos marinheiros comandados pelo cabo João Cândido, em plena baía de Guanabara. A conhecida ou chamada

Revolta da Chibata, um dos episódios mais sangrentos de nossa história recente, virou documento de contestação contundente, que Péret intitulou *L'Amiral noir / O almirante negro* — livro destruído pela polícia, embora peça-chave na primeira prisão de Péret no Brasil (como agitador e elemento subversivo, em dezembro de 1931) e sua subseqüente expulsão e repatriação por decreto governamental. Lívio Xavier afirmava ter tido um dos exemplares já impresso em mãos, na própria gráfica.

Anos mais tarde, no processo movido pela polícia getulista contra Mário Pedrosa, três páginas do original de *O Almirante negro* constaram como provas comprobatórias (páginas essas advindas dos arquivos do Ministério da Marinha). Pode-se notar que a presença por certo tempo de Benjamin Péret entre nós — ao contrário do que normalmente se divulga — foi importante e corresponde a significativas atuações do autor de *Mort aux vaches aux champs d'honneur!*, seja no campo literário seja na militância política. As fotos e os dados relativos a Benjamin Péret são inicialmente publicados em Paris (parte em *De la part de Péret* e parte em *Introduction à la lecture de Benjamin Péret*), como disse, mas a maior parte da documentação por mim levantada será complementada numa monografia que concluo nos anos seguintes e que sairia em primeira mão na revista *A Phala*, quatro anos depois. Esta monografia é a primeira a ser publicada na América sobre Péret, e tem como título um outro famoso dos anos 40 do próprio Péret: *Je ne mange-pas de ce pain-là.*

Juntamente com o material resgatado que enviamos para Paris, segue uma lista de assinaturas de autores brasileiros, em protesto diante dos últimos fatos e solidariedade a Péret (entre outros, assinam P. E. Salles Gomes, Aníbal M. Machado,

S. Lima, Lívio Xavier, Mário Pedrosa, Maria Martins, Paulo Carneiro, Sônia Borges). A lista completa das assinaturas de apoio, vindas dos vários países, sairia meses depois na plaqueta *De la part de Péret* (Paris, 1963, Eric Losfeld).

Logo temos os três primeiros livros publicados por nossa turma, os quais passam a ser centro das discussões (e disputas) principais entre nós: *Paranóia* (lançado no final de 1962), do R. Piva; *Amore*, de S. Lima (editado em 1963, com textos de 1959 e 1960); e, pouco depois, no começo de 1964, *Anotações para um apocalipse*, de C. Willer (onde se encontram as primeiras reflexões de Willer em relação à *beat generation* e suas implicações literárias). *Anotações* é lançado juntamente com um segundo livro de Piva, o *Piazzas* (1964), o qual, escrito em 1963, já sinalizava, por assim dizer, um diapasão distinto do seu primeiro livro de poemas, o *Paranóia*. Cumpre salientar que começavam a se formar certas distâncias entre a perspectiva surrealista de uma atuação específica, e aquela mais descompromissada, pretendida pelos demais nomes da turma. Observo ainda outro detalhe que recentemente tem sido maquiado e distorcido para outros fins. Falo de uma foto que se produziu, com toda a turma paulista a que estava ligado e que formava o núcleo de debates voltados para o surrealismo que liderava. Esta foto foi produzida a meu pedido (na Standard Propaganda, onde trabalhava Rengastein Rocha), para o lançamento do *Amore*, e, transformada em pôster, pontificou na entrada da Livraria Parthenon por ocasião do perturbador *vernissage* de *Amore* (evento que incluía sons de orgasmos femininos e outras surpresas para os presentes, como o convite com "boca do autor"). Embora não tenha prosseguido como grupo, essa turma era, digamos assim, o gérmen do primeiro grupo surrealista que iria se formar logo depois, em fins de 1964, com novas participações e amigos do Rio de Janeiro.

O período 1962-65 foi de grande efervescência política e cultural, sendo que abrigou várias reivindicações e retomadas, desde a estréia de Agrippino de Paula (com o livro *Panamericana*) às afirmações de Trindade Leal, Péricles Prade, Hilda Hilst, mais a "volta" de Clarice Lispector. Geraldo Ferraz organizou, em 1964, um ciclo de palestras, *Dada & surrealismo*, no Instituto Histórico e Geográfico de Santos, em colaboração com o jornal *A Tribuna*, que pouco depois editaria toda a matéria exposta numa plaqueta, distribuída e divulgada em dezembro de 1964. No prefácio de *Dada & surrealismo*, Geraldo já indica que se trata "dum período histórico da arte moderna, que esteve em foco durante o ano de 1964 — o período referente ao dadaísmo e ao surrealismo —, pois quarenta anos decorreram do primeiro *Manifesto do Surrealismo*". Note-se que, no seu texto, Geraldo Ferraz trata o surrealismo como algo datado, iniciado e terminado na França, com sede em Paris, a partir de 1924. Omite assim seus desdobramentos e não menciona nenhum dos seus outros pólos de irrupção além da central parisiense; muito menos faz menção aos autores brasileiros que a ele se vincularam, ou que se declararam, à época, já impregnados pelo movimento. O que não era de admirar, pelo *parti pris* de Geraldo Ferraz e seu ferrenho silêncio diante de Péret, afinal colegas da antropofagia... Lembro que combati igual silêncio, que grassava junto aos "novíssimos", em relação aos autores e artistas brasileiros do período do modernismo que estavam impregnados da aventura surrealista, como Ismael Nery, Murilo Mendes, Jorge de Lima, Raul Bopp, César de Castro e outros mais. De fato, minha volta de Paris também marcou o início de uma revisão destes autores na ótica do "desregramento de todos os sentidos" e do "absolutamente moderno"; não é certo dizer que "trouxe o surrealismo de Paris", como se espalhou um pouco levianamente, visto que houve a preocupação de situar as ocorrências do movimento como tal, em nosso meio, pelo menos desde a aparição polêmica da revista *Estética*, em 1924, e a publicação, na mesma, do manifesto pelos "direitos do sonho" de Sérgio Buarque de Hollanda.

Nessa época, também aparecem resistências significativas, como aquelas do Cinema Novo e da Bossa Nova, oriundas do final dos anos 50. Ou ainda eventos como a exposição Proposta 65 e espetáculos como *Opinião* e *Roda viva*. Em nosso grupo de debates, durante os anos de 1963 e 1964 desenvolvo debates e leituras dos manifestos surrealistas, alguns jogos ("cadáver-delicioso", "um-dentro-do-outro", "dar legenda às figuras" etc.), além de panfletagem, afora outras atividades coletivas e incursões grupais. Destaco, por exemplo, o "manifesto fúnebre" (que foi manuscrito originalmente por Décio Bar), lançado na inauguração da VII Bienal, contra os "poetas oficiais" (escândalo rapidamente interrompido pela segurança local, embora tenha resultado em página inteira do jornal *Última Hora*, com réplicas dos atingidos, e ecos no *Correio Paulistano*, na *Folha* e no *Estado de S. Paulo*).

Sucedendo este núcleo inicial, e em função de divergências que passam a ter certo vulto (sobretudo por parte de Piva e Willer, mais preocupados com a *beat generation* e a *pop art*), assumo de vez a liderança e, com as novas adesões de Fiker e Leila Ferraz, mais Zuca Saldanha e Paulo Antônio Paranaguá, vindos do Rio de Janeiro, organizo o primeiro grupo surrealista São Paulo-Rio, cuja vida breve — 1965 a 1969 —

não deixou de ser pródiga de realizações. Não por acaso deve-se lembrar que a eclosão do grupo é imediatamente pós-64, e se encerraria no pós-68, ainda como seqüelas de Maio de 68; isto é, à mesma data que os atos de exceção promovidos pelo governo militar.

A idealização, em fins de 1965, e as subseqüentes pesquisas para atender ao planejamento da Mostra Surrealista Internacional que realizamos em 1967 revestem-se de extraordinária importância, tanto para o contexto local, brasileiro, do nosso grupo quanto para o grupo parisiense, que via assim uma realização sua acontecendo no outro lado do Atlântico, fato que não ocorria desde 1949, ano da última mostra internacional promovida fora da Europa — na Galeria Dédalo, Santiago de Chile. Contamos desde o início com o apoio e os aportes de André Breton e de toda a turma de Paris, aos quais logo vieram se somar os do grupo de Lisboa, liderado por Mário Cesariny, e os de Buenos Aires, liderado por Aldo Pellegrini. A representação brasileira do movimento apresentou-se com objetos, *collages*, pinturas e o filme *Nadja*, de P. A. Paranaguá, além de partes retrospectivas, como a dedicada a Ismael Nery e Cássio M'Boy, à arte indígena (pré-colombiana, cerâmica e plumária); tivemos ainda uma seção de "arte dos alienados", emprestada pelo Juqueri (sob a égide de Osório César), que se completava com outros préstimos e documentação fornecida pelos Laboratórios Sandoz e pela Sociedade da Arte Bruta. Nas artes plásticas, tivemos as colaborações de galerias européias, espanholas, francesas e italianas, do MAM/Rio de Janeiro e também peças da abrangente coleção de Maria Martins — muito embora os empréstimos que substanciavam a seção histórica da mostra (Domínguez, Ernst, Boccioni, Maria Martins, Picabia, Ernst, De Chirico, Calder, Picasso), do MASP e do MAC/USP tenham sido negados à última hora, mais precisamente dias antes da data da montagem, como consta da correspondência da direção do evento.

Porém a publicação da revista-catálogo *A Phala* (nº 1, agosto de 1967) como que conjurou as principais lacunas do âmbito histórico da exposição, como mencionado, e acabou complementando-a de forma documental. Insisto no caráter documental do catálogo-revista, com suas mais de duzentas páginas. Pela primeira vez em nossa língua, havia todo um elenco de brasileiros vinculados às tendências que formaram o movimento surrealista, num vasto e riquíssimo material para o nosso público, informando e propiciando comunicação direta do interior do movimento para fora, com aportes também significativos dos militantes de Buenos Aires, Lisboa e do Porto. Este catálogo bilíngüe, com originais em francês e português, trouxe ensaios, poemas em prosa e poesias, textos críticos e pesquisas monográficas, como aquelas sobre Charles Fourier e Benjamin Péret (todos escritos inéditos, salvo texto de Breton sobre Maria Martins, datado de 1946); seu impacto marcou aquele momento, pois *A Phala* foi até mesmo vendida com sucesso em Paris por seus co-editores: a livraria Le Terrain Vague, de Eric Losfeld, e a editora de Jean-Jacques Pauvert.

A Phala nº 1 contém também a primeira menção expressa a Cruz e Sousa como um dos predecessores do surrealismo em nossa poesia — justamente num pequeno ensaio que frisa as relações e a ponte de contato que interligam simbolismo e surrealismo, herdeiros que são do caudal revolucionário do romantismo. Nos preparativos para a XIII Exposição, organizamos algumas entrevistas com nossos artistas ditos "surrealistas" pela imprensa ou ligados ao movimento, dentre os quais Walter Levy, Tarsila e Flávio; contudo, as declinações mais demoradas e interessadas sobre o tema vieram do próprio Flávio de Carvalho.

Foi o próprio Flávio que tornou possível o evento, com seu apoio e gestões na FAAP, somados aos de Maria Martins, Osório César e Giuseppe Baccaro, o qual, além de preparar um texto sobre Nery e o surrealismo para o catálogo, nos facilitou toda uma série de vinte obras inéditas de Ismael Nery, entre pinturas e desenhos.

Repito que o segundo período inclui, assim, a formação do primeiro grupo organizado do movimento surrealista no Brasil, de 1964 a 1969, o qual se responsabiliza por toda uma série de atividades coletivas, que vão de panfletagem, edição de plaquetas, livros, a testemunhos públicos, exposições e um manifesto, publicado em editorial na *Phala* nº 1 (redigido em conjunto por mim e Aldo Pellegrini).

À turma do primeiro grupo do movimento no Brasil, formado por Leila Ferraz, Maninha, Raul Fiker, Paulo Antonio Paranaguá, Zuca Saldanha e eu, vieram se somar Trindade Leal, Péricles Prade, Bernardo Cid, Odriozola e, depois de 1971 e 1973, Nelson Guimarães de Paula e Juan Sanz Hernández. Surgiam assim novas adesões ao grupo centrado em São Paulo. Adesões que se sucederam aos afastamentos espontâneos, ainda em 1969, de P. A. Paranaguá e Raul Fiker, mais aquele de Maninha, desde o final de 1967. Essas adesões não foram suficientes para a formação de um novo grupo, visto que faltava a cristalização de um segundo momento, digamos assim, e as conseqüentes tomadas de posição, necessárias, penso eu, para a formação de um novo grupo e a retomada da aventura surrealista.

Os anos 70, anos sombrios em nosso país, abrem-se no que diz respeito ao surrealismo com a dissidência interna ocorrida no grupo parisiense (em fins de 1969, ainda em conseqüência da crise de Maio de 68), e que originou um protesto geral de todos os demais grupos espalhados na Europa e na América, não concordes com a estratégia de uma "divisão" entre *surréalisme éternel* e *surréalisme historique*.

Obviamente essa última classificação – ou melhor, essa tentativa de circunscrever historicamente algo mais amplo que as pretensões de imediatismo ou oportunismo mesmo, *tout court*, de certos franceses — abria de par em par as vias para uma discutível apropriação. Haja vista a razão da presente estratégia de "política cultural", uma tal apropriação passa, necessariamente, por uma "morte oficial", que dotaria ou passaria a dotar o movimento surrealista de um nascimento, um meio e... um fim histórico, interrompendo seu caráter revolucionário e permanente de atravessar as vanguardas e todo o século XX.

A maioria dos nomes do grupo parisiense também não aderiu a essa morte promovida, e se ligou aos tchecos, que, na sua totalidade, fizeram publicações e textos violentos contra a estratégia delineada e liderada por Jean Schuster, José Pierre, Gérard Legrand e J. C. Silbermann, denunciando com veemência a manipulação em curso. O surrealismo e seu movimento continuaram produzindo uma série de revistas, sendo duas dirigidas por Vincent Bounoure e até mesmo uma importante coletânea de textos e contribuições ensaísticas coletivas, que se intitulou *La Civilisation surréaliste* (Paris, 1976, Edições Payot), organizada por Vincent Bounoure e Vratislav Effenberger. No mesmo ano, realiza-se a Exposição Mundial do Surrealismo, em Chicago.

Ambos os fatos, *La Civilisation surréaliste* e a exposição — que se chamou *Marvellous Freedom* —, desmentem categoricamente a "morte do movimento"... pretendida (e promovida) pelos dissidentes de 1969.

Os anos 70 constituem, assim, o espaço intermediário entre o fim do primeiro grupo organizado do surrealismo no Brasil e os eventos da década de 1980, que pouco a pouco iriam constituir e sinalizar os começos do segundo grupo organizado. Para mim, esses anos foram marcados por três exposições individuais que realizei, em 1971, 1976 e 1978 (nas galerias paulistas Ars Mobile, MASP-Luiza Strina e Galeria Paulo Prado), bem como pelas edições do meu primeiro livro na área do ensaio filosófico, *O corpo significa*, e do livro de *collage* e poesia *A festa (deitada)*. A mencionada Exposição Mundial do Surrealismo, em Chicago, promovida por Franklin e Penelope Rosemont, conta com representação do Brasil ao lado de mais de sessenta países, reunindo quase uma centena de artistas e escritores.

Nesse meio-tempo, temos a significativa edição da antologia *Textos de afirmação e de combate do movimento surrealista mundial*, organizada e apresentada por Mário Cesariny (Lisboa, 1977, publicação da Editora Perspectiva & Realidade). Novo desmentido frontal à propalada "morte do movimento", esta antologia inclui o Brasil, presente em três dos seus capítulos: o dedicado ao grupo surrealista de São Paulo/Rio de Janeiro, outro à XIII Exposição Internacional do Surrealismo em São Paulo, e outro mais ao ensaio que eu acabara de publicar na Edart: *O corpo significa*.

Também nos anos 70, e como que ecoando as movimentações mais recentes em Chicago e Praga, ou em Paris e Lisboa, há um recomeço ou uma progressiva retomada das movimentações ligadas ao surrealismo entre nós, aqui em São Paulo. Há debates sobre a *collage* e suas características de "linguagem plástica estendida", que geraram o início da pesquisa sobre o tema já no final dos anos 70 e se transformaram num alentado ensaio: *Collage... uma nova superfície sensível*, só editado em 1984. Houve novas publicações de autores brasileiros ligados ao movimento surrealista e traduções de nomes do surrealismo ou próximos do mesmo. Clarice Lispector entrevista Maria Martins na sua famosa série de entrevistas para a revista *Manchete*, e questiona a artista, entre outras coisas, sobre seu envolvimento com o movimento e os surrealistas.

No início da década seguinte (1981) tem início o primeiro seminário que realizo sobre "A imagem como conhecimento sensível", parte dos eventos que inauguraram naquele ano a Galeria São Paulo. Trata-se de uma espécie de passeio filosófico sobre as diferenças e/ou distinções que se perfilam entre o modelo, o molde (ou simulacro) e a imagem propriamente dita, quer literária, quer visual. Ao mesmo tempo que retomo o tema da apresentação de minha primeira exposição (O molde e o seu modelo, 1971), retomo também algumas das fontes decisivas para O *corpo significa*, como Bachelard, Bataille, Malcolm de Chazal, Marcuse, Kostas Axelos, Clarice Lispector e outros. Avanço nas pesquisas e buscas, adentrando uma espécie de arqueologia das possíveis influências e influxos do movimento entre nossos autores, poetas e pintores, ao mesmo tempo que desenvolvo uma nova escrita para o ensaio sobre a linguagem visual e a *collage*.

Em 1985 publico *A alta licenciosidade. Poesia & erótica 1955-1985*, uma coletânea de minha poesia que organizei com vistas à Semana Surrealista em São Paulo, quando foi lançada, na abertura da Semana do Surrealismo, na mostra coletiva *A arte do Imaginário*/Galeria Encontro das Artes/São Paulo.

Tais atividades — ensaios, textos críticos, exposições e poemas — acabaram por alimentar uma série de encontros e novas relações, ampliando por certo e vindo a dinamizar significativamente, com perspectivas seminais, quer o percurso de minhas reflexões, quer o de minha expressão escrita ou plástica. Especial repercussão ocorreu, por exemplo, com a vinda do grupo surrealista de Buenos Aires (da revista *Signo Ascendente*) a São Paulo, convidados para a Semana Surrealista de 1985. Na ocasião, este grupo publicou um manifesto denunciando a manipulação da "morte do movimento em 1969", por parte da crítica oficial. De imediato houve certa empatia, e logo passamos a atividades conjuntas. No ano seguinte, (1986), viajo a Buenos Aires, a convite de Julio Del Mar e Silvia Grenier, líderes da *movida surrealista* na Argentina dos 1980. Na capital portenha realizo exposição individual de *collages* e o seminário sobre a imagem, conforme mencionado acima. Ambos os eventos foram realizados nas salas e no auditório do Escritório Comercial do Brasil, na calle Esmeralda n° 68.

A partir de 1987, comecei a ministrar aulas regulares em bacharelado de artes plásticas, iniciando-se uma importante interação com o meio acadêmico e suas oficinas de formação, que logo me trouxeram alguns desdobramentos significativos em simpósios e encontros, como a semana de estudos no curso de extensão "Arte e política: o surrealismo", em que discorri sobre surrealismo e revolução da imagem, no *campus* de Assis da Unesp.

Assim, do segundo semestre de 1992 até 1995, também atuei junto ao IEL/Unicamp. Depois, de 1996 em diante, comecei também a lecionar regularmente história da arte em ateliês livres, enquanto passava a titular de teoria da criação no Departamento de Comunicação Social, Jornalismo e Publicidade, do Centro Universitário FIEO. Nesse período, desenvolvi os trâmites possíveis para concluir a edição do tomo 1 da *Aventura surrealista*, junto à Editora da Unicamp. E participei da Semana de Estudos de Letras e Lingüística com foco no romantismo e sua vertente utópico-revolucionária (juntamente com Francisco Foot Hardman e Michael Löwy).

Comecei a desenvolver, ao mesmo tempo, uma extensa pesquisa histórica sobre as raízes do surrealismo e suas ramificações na América Latina, especialmente no Brasil. Essa pesquisa já me fora sugerida em 1967, por Lo Duca, e a partir da Semana Surrealista em São Paulo (1985), retomado o projeto inicial, começo a avançar nos levantamentos e prospecções fundadas nas letras e artes brasileiras. A pesquisa cobre as duas primeiras décadas do século, os anos do chamado pré-modernismo e da Primeira Guerra, continuando nos anos do entreguerras (décadas de 1920 e 30).

Toda essa parte da pesquisa, coletada e organizada de 1985 a 1995, só foi possível graças à bolsa de pesquisa em história da arte e teoria – projeto "A aventura surrealista" – concedida pelo CNPq em 1989/1990, assim como apoios e acessos obtidos às coleções de arquivos da Unicamp, particularmente aos documentos de Oswald de Andrade, Menotti del Picchia, Alexandre Eulálio e Sérgio Buarque de Holanda.

Simultaneamente, reativo as atividades coletivas do movimento surrealista em São Paulo no período de 1987-91, granjeando novas adesões entre pintores e poetas. Desse modo, no início da década de 1990, abrimos um segundo grupo surrealista em São Paulo, agora em parceria com Floriano Martins, de Fortaleza, e no ano seguinte contamos com as

A ESTRELA DA MANHÃ: SURREALISMO E MARXISMO

adesões do ensaísta Fernando Freitas Fuão e da artista Michele Argenta Finger.

TERCEIRO PERÍODO

Podemos dizer, assim, que o terceiro período se articula em torno da formação de um segundo grupo do movimento no Brasil, o grupo surrealista São Paulo-Fortaleza, em atividade desde a última década, ou, mais precisamente, de 1991 à data presente.

Em 1992, com prefácio de Floriano Martins e carta-comentário de Mário Cesariny, na Editora & Etc., por iniciativa de J. Tavares, sai publicado em Lisboa meu poema *Aluvião rei*. Depois seguem-se os poemas e poemas em prosa de Floriano, como *Tumultúmulos* (Rio de Janeiro, Mundo Manual Edições, 1994) e *Alma em chamas / Poesia reunida* (Rio de Janeiro-Fortaleza, Biblioteca Nacional e Edições Letra & Música, 1998). A essas obras vem se somar a antologia crítica estabelecida com poetas de hoje, sob o título *Escritura conquistada / Diálogos com poetas latino-americanos* (Fortaleza, Letra & Música Edições, Universidade de Mogi das Cruzes, Biblioteca Nacional). Assim, o importante *Escritura conquistada*, com sua série de entrevistas, recorta o universo atual de autores ligados ou não ao surrealismo e sua abrangência é reveladora sobretudo de uma respiração maior dada à poesia. Muito embora surgido nesses anos iniciais da década, o *Escritura conquistada* só sairia publicado depois, em 1998.

Entretanto, o primeiro documento do segundo grupo surrealista, nesse terceiro momento da periodicidade aqui proposta, refere-se ao relatório a quatro mãos que Floriano Martins e eu enviamos, em 1990, para o Boletim Internacional do Surrealismo, então editado em Estocolmo.

Pouco depois, seriam articuladas as propostas do *"tierra adentro"*, promovidas por Silvia Guiard e o grupo de Buenos Aires, seguida do subseqüente manifesto contra os festejos do Descobrimento da América, intitulado "Enquanto os turistas ocupem o lugar dos videntes" (1992).

Este manifesto compreendia a participação brasileira, cujos signatários tiveram suas obras presentes na grande mostra internacional de Böchun, *LatinAmerika und der Surrealismus.* Nesta mostra estavam também obras de nomes históricos do Movimento no Brasil, como Cícero Dias, Pagu e Flávio de Carvalho, bem como obras atuais de artistas do grupo de São Paulo-Fortaleza.

Em 1995, iniciava-se a edição ilustrada da pesquisa a que vinha me dedicando nos últimos dez anos, a prospecção e levantamento histórico-documental das relações entre o movimento do surrealismo e o Brasil: *A aventura surrealista* (São Paulo: Editora Unicamp, Unesp e Vozes, tomo I, ilustrado).

O Segundo Grupo se constitui com a participação de Heloísa Pessoa, Laila Aiach, Lya Paes de Barros, Zoca Barros, Ivanir de Oliveira, Josifa Aharony, Nicole Evelyne Reiss, Nelson de Paula, Juan Hernández, Floriano Martins, Hilton Seallwright e eu, mais o Zuca Saldanha, que continuava residindo na Alemanha, em Hamburgo, e Michael Löwy, que reside em Paris. De 1994 para frente, enquanto tínhamos novas aproximações com Claudio Willer e Trindade Leal, os amigos Nelson de Paula, Zoca, Juan e Hilton deixaram de participar do movimento. Vale indicar, talvez como foco central desse segundo grupo do Movimento no Brasil, no terceiro período portanto, a realização de uma nova revista, com seus números I (1993) e II (1996), intitulada *Escrituras Surrealistas*.

E, ainda em 1996, realizamos uma mostra internacional, intitulada *Collage - Homenagem ao centenário de André Breton (1896-1996)*. O evento trouxe obras de artistas e escritores da França, Portugal, Peru, Suécia, Argentina e Brasil, além de convidados da França e da Argentina. Também recente, em 1999, no número 4 da revista *Unión Libre*, editada em Lugo (Galícia) por Claudio R. Fer e Carmen Blanco, tivemos a publicação integral do longo poema de minha autoria intitulado *A boca da sombra que te ergue branca*.

A década de 1990 traz portanto a atuação de Michael Löwy junto ao grupo brasileiro. Assim, o itinerário de uma figura atuante desde os anos 60 na França e no Brasil, como a de Michael Löwy, cabe muito bem, por exemplo, para se delinear a enorme mobilidade dos adeptos do surrealismo em seus contextos respectivos. Brasileiro residindo em Paris, além de participar de movimentações do grupo surrealista no Brasil, Michael também é figura atuante junto aos nossos amigos do grupo parisiense. Em ambos os grupos, ele traz e continua a trazer novos aportes para o pensamento do surrealismo e sua práxis.

Em sua primeira viagem Paris (1958), Michael era portador de material para Benjamin Péret, enviado por Paulo Emílio Salles Gomes (Paulo Emílio era casado com Sônia Borges, sobrinha de Elsie Houston, primeira esposa de Benjamin Péret e irmã de Mary Houston, esposa de Mário Pedrosa, outro nome do surrealismo no Brasil). Michael volta a Paris em 1961, quando tivemos um rápido encontro na cidade-luz, conversamos e se falou muito do surrealismo e seus animadores, os poetas e artistas do movimento, então reunindo-se regularmente no café À La Promenade de Venus.

Apenas em 1975-1976 é que Michael, já publicada sua tese sobre *A teoria da revolução no jovem Marx* (*La Théorie de la révolution chez le jeune Marx*. Paris: Maspero, 1970), terá a iniciativa de uma primeira aproximação com os surrealistas da capital parisiense, depois daquela em que foi instado por mim e que ficara sem êxito.

Sublinho que a articulação que então se firmou em 1975 entre Michael Löwy e os surrealistas — o grupo parisiense liderado por Vincent Bounoure, Jean-Louis Bédouin e Michel Zimbacca, nomes engajados no movimento desde o final dos anos 40 e início dos 50 — ocorreu à roda da questão do resgate de Paulo Antonio Paranaguá, detido em Buenos Aires havia algum tempo nos cárceres da polícia argentina. A partir de então, Michael passa a militar no grupo e fica sendo presença constante nas suas reuniões. E mais: alguns anos mais tarde, Michael estará presente também, em suas regulares estadas em São Paulo uma vez por ano, nas reuniões do grupo surrealista de São Paulo-Fortaleza que havia se formado nos meados de 1991 (nossas reuniões então eram no ateliê de Lya Paes de Barros, na Rua Augusta).

A publicação entre nós da coletânea de ensaios de Michael Löwy, originalmente intitulada *L'Étoile du Matin: surréalisme et marxisme*, é um acontecimento editorial prenhe de surpresas e provocações. Suas inúmeras implicações compreendem, por exemplo, todo um discurso perfeitamente claro e com seus pontos de fuga bem posicionados, diante da exposição do fato consumado que é o surrealismo. Surrealismo que se apresenta em seu texto enquanto posição e gesto revolucionário, atual e contundente. Surrealismo que navega livremente nas suas comparações, a todo pano, diria um homem do mar, para grande espanto dos críticos tradicionalistas ou das mentes mais conservadoras. Ou então para os ortodoxos guardiões de um saudoso modernismo datado.

L'Étoile du Matin, pouco importa se escrito em Paris ou em outra capital do mundo, inscreve-se naturalmente no longo processo da afirmação paulatina e vigorosa do surrealismo mesmo, enquanto etapa e mais um degrau decisivo para uma singular e própria visão brasileira do movimento.

Basta se aproximar de qualquer artigo e dos ensaios que compõem a presente seleção e se terá, de imediato, a vertigem do novo e, quiçá, o impacto de itens e de aspectos absolutamente modernos e sistematicamente ignorados, os quais estão ausentes dos suplementos literários ou artísticos, para não dizer da própria imprensa brasileira há um bom tempo!

De pronto temos a questão do surrealismo colocado atualmente, hoje, sobretudo e apesar de tudo vigente no momento do presente. Em que pesem os silêncios deste lado de cá do equador.

Quanto a um eventual depois deste período mais recente, podemos retomar a asserção histórica de André Breton, quando instado por um repórter espanhol nos idos dos anos 50 sobre os destinos do movimento:

— O surrealismo é o que será!

O texto deste livro foi composto em Sabon,
desenho tipográfico de Jan Tschichold de 1964,
baseado nos estudos de Claude Garamond e
Jacques Sabon no século XVI, em corpo 10/13,5.
Para títulos e destaques, foi utilizada a tipografia
Frutiger, desenhada por Adrian Frutiger em 1975.

A impressão se deu sobre papel Offset 90g/m²
pelo Sistema Cameron da Divisão Gráfica
da Distribuidora Record.